U0942268

靈修著作精選

學作主的門徒

與潘霍華一同靈修40天

40-Day Journey with Dietrich Bonhoeffer

羅恩·克盧格　主編　　李金好　譯

基道出版社

▼

靈修著作精選

學作主的門徒

與潘霍華一同靈修 40 天

40-Day Journey with Dietrich Bonhoeffer

主編
羅恩 · 克盧格 Ron Klug

譯者
李金好

責任編輯
陸志豪

裝幀設計
奇文雲海 · 設計顧問

■

出版／發行
基道出版社
香港沙田火炭坳背灣街 26 號富騰工業中心 10 樓 1011 室
LOGOS PUBLISHERS
Unit 1011, 10/F, Fo Tan Ind. Centre, 26 Au Pui Wan St., Shatin, Hong Kong
電話：(852) 2687-0331 傳真：(852) 2687-0281
網址：https://www.logos.com.hk

承印
陽光（彩美）印刷有限公司

●

10/2010 初版
Cat. No. LP640B
ISBN: 978-962-457-409-8
Original Edition "40-Day Journey with Dietrich Bonhoeffer"
Published by Augsburg Books

Printed in Hong Kong

本書圖片由以下三位拍攝及提供，承蒙允許使用，特此鳴謝：
Angus Fung（頁 8~9, 26）；Botan Leung（頁 78~79）；梁柏堅（頁 1, 25, 52~53, 54~55, 90~91, 134~135）。

刷次	16	15	14	13	12	11	10	9	8	7
年份	2033	2032	2031	2030	2029	2028	2027	2026	2025	2024

前　言

為結束第二次世界大戰，潘霍華（Dietrich Bonhoeffer）與他人同謀暗殺希特勒，因而於一九四五年四月九日在納粹黨的監牢內遭處決。他之所以參與這個計劃，其背後的信念是，作耶穌基督的門徒要求基督徒與受欺壓者站在同一陣線上，支持他們，並與他們一同對抗那欺壓者。順從基督勢必使人為著那些在不公義之下受害的人而參與具體和負責任的對抗罪惡的行動。潘霍華的死正是他對這個堅強信念的最後見證。

在他的人生將要結束之時，潘霍華在牢房裏寫給友人的一封信中承認：「持續不斷困擾著我的是這麼一個問題：基督教究竟是甚麼？又或，實在地，基督對今天的我們來說究竟是誰？」（《獄中書簡》，頁 152；稍作修改。）這是個　　也應該是個——一再被重複提起的問題。

一代又一代的基督徒都必須在複雜而具體的現實之中提問這個問題，這複雜而具體的現實為他們的信仰和生活設定了最直接的場景。這本小書正是幫助你做到這一點的一個工具。藉著這本書，你將會有機會深入反思節錄自潘霍華最受歡迎的兩本著作《追隨基督》（*Discipleship*）和《團契生活》（*Life Together*）

的文字。閱讀這些篇章很可能會改變你對基督徒生活和信仰的看法。

然而，當你就這些篇章作出反思之時，要記得，潘霍華並沒有興趣對「基督對於今天的我們來説究竟是誰」這個問題給予一些思辨性或理論性的答案。對他而言，惟一重要的答案是關乎我們如何在具體的當下活出個人和羣體的生活，活出神對我們的旨意。這當然離不開冒險和徹底的順從，就是順從那位説：「你們為甚麼稱呼我『主啊，主啊，』卻不遵我的話行呢？」（路六 46）的主。對潘霍華來説，作門徒的意思「正是惟獨受耶穌基督所束縛」（《追隨基督》，頁 28）。

潘霍華看見一點：福音所帶來的自由，就是要代表那些受淩辱、在不公義之下受害的人有所行動，不論受淩辱的是別人**或自己**。透過有耐性而專注地聆聽——在羣體和世界中、在我們內心最深處的需要上——耶穌的呼召，我們得以辨識神對我們的旨意。向淩辱説不的自由、對抗不公義的自由、徹底地順著耶穌的引導追隨祂的自由，這些都是隨著**重價恩典**而來的恩賜。在行使這自由之時，我們參與在基督的實在，即神的自我揭示之中。事實上，對於潘霍華來説，沒有人是脱離世界來與神相遇的，也沒有人是脱離神而與世界相遇的，因為在耶穌基督身上，二者已合而為一。門徒在與耶穌基督的緊密關係中與神的實在相遇；也在追隨耶穌以至於為人類的需要採取具體而負責任的倫理行動之時，與神的實在相遇。

在潘霍華身上，你會發現一個令人振奮而具挑戰性的、完全非感情用事的作門徒的邀請，是與別不同的。英國散文作家柴斯特頓（G. K. Chesterton）曾寫道：「基督教的理念從沒因試驗後而被發現是不夠格的；但卻被發現是艱深的緣故而一直未經試驗。」潘霍華邀請我們去試驗它。

對潘霍華來說，基督教信仰本不應在生命的外圍，隱藏在教會的四面牆背後，而神也不應該被降級為只負責看管一些我們似乎是照顧不到的事情——例如罪和死亡。正如他在獄中所寫的：

> 我們不該等到窮途末路時才仰賴上帝，上帝必須居於生命的中心。不但在死亡中而是在生命中；不但在痛苦中而是在健壯精神充沛的時候；不但在罪惡中而是在工作中。（《獄中書簡》，頁134）

潘霍華深信，神想要在我們生命的中心，在人生的際遇所發生的地方與我們相遇。他這樣深信，一方面是由於他（藉著神的話）與神相遇了，這位神具體表現在耶穌的生平、教訓和死亡的事件上；另一方面是由於他在人生具體的現實中，對耶穌的一種冒險而徹底的順從，使他親嘗與神相遇的經驗。

你即將開始與潘霍華同行的四十天旅程，那很可能會使你「在生命的中心」更深地與神相遇。那將是具挑戰性的，而且也將會使你收穫豐富。

如何使用本書

在你與潘霍華同行四十天的旅程裏，你將有機會接受來自二十世紀的其中一位偉大的屬靈作家兼基督教領袖的指導。然而，旅程的目的不只是要獲得有關潘霍華的一些「頭腦上的知識」，而是要開始把你所學的活出來。

如果你設定用一天中某個時間來與你的屬靈導師「會晤」，你很可能會得到最大的益處。有規律地在相同的時間進行一種屬靈操練，這屬靈操練會較容易維持下去。對許多人來說，早晨是很好的時間，那時屋子裏還是清靜的，一天的繁忙事務也還沒有開始。有的人則發現，中午或睡前的時間也很合適。我們都是獨特的，我們有些人是「早起的鳥兒」，有些則不是。要按照**對你來說**是行得通的方法來保持與潘霍華經常的會晤。把時間記在你的行事曆上，並儘量依時赴約。

如果你能在四十天之內完成你的四十天旅程，那會是最好的。這會令你的注意力變得較為集中，體驗亦更為強烈。然而，較諸因無法在四十天之內完成而放棄整個旅程，能夠完成旅程當然是更為好的。事實上，改為四十個星期或二十個星期的旅程也許更能配合你的時間表。可能的情況是，你會花一個或半個星期對所讀的文選、經文、禱告作出反思；而當你把所學的付諸實行，這可能會是一次改變人生的經驗。我再說，要定下一個適合你的時間表，只要貫徹始終便行。

每天的旅程以潘霍華的文選開始。你會發現，每一天的文選是天天相扣，互相建造起來的。它們讓你認識潘霍華對基督徒生活和信仰的一些重要概念。慢慢地讀每一個選段，讓其中的字句滲入你的意識。你可能想在進入下一個部分之前把每個選段讀兩三遍，也許其中一遍是大聲朗讀出來。

繼潘霍華的文選後，你會看見**輔助經文**的標題，這是一段節錄自聖經的簡短經文，是與潘霍華的話直接相關的。就像你讀潘霍華的文選那樣，要慢慢地讀這經文，讓其中的字句滲入你的意識。

繼聖經經文之後，你會看見**安靜默想**的標題。在這部分，你應該用五到二十分鐘的時間默想剛才讀過的兩段文字。先要集中注意力，坐直身子，閉上眼睛，雙手合攏放在大腿上，慢慢地深呼吸。要記得呼吸是神給人的禮物，是生命的恩賜。不用做甚麼，只要注意你的呼吸兩三分鐘。把你的意識集中在鼻尖上，感覺氣息從鼻孔吸入，從鼻孔呼出。

當你覺得神志和精神平服下來，你就可以張開眼睛，重讀潘霍華的文選和聖經的經文。慢慢地讀，注意每一個字或片語，品嘗它們，思想它們的可能意義和含義。在每天旅程的最後一部分，你會看見**靈程心得**這個標題，以及在這個標題下的空白部分。在你默想之時，把你的領悟記下來。你剛讀的兩段文字有否引發你任何的問題或建議你該做些甚麼？把它們記下來。

接著來到**思考問題**的部分。你會看見有幾條就潘霍華的文選而提出的問題。一路上不要忘記，**思考問題**和**筆下省思**兩部分的練習，都是為幫助你思想潘霍華的文選和聖經的經文而設的。只要覺得有幫助，就順著這些問題來回答。不要以為你必須回答所有的問題。相反，你可以選擇那些對你有最大幫助的問題或練習，因為這些都是一般的問題，是為所有的基督徒和信仰羣體設計的。要想得透徹，在**靈程心得**的部分寫下你的答案（以及你的答案對你自己的信仰生活和信仰羣體有何含義）。有時候，給問題的最佳答案是「我不知道」，又或者是「我不肯定我對此事的想法」。重要的是，把你自己的想法和問題記下來。當你的思想已經準備好進入下一部分的時候，閉上你的眼睛，用大約一分鐘的時間注意你的呼吸。

然後，回到本書的下一個標題：**詩篇靈語**。潘霍華十分喜愛詩篇，稱之為聖經中的禱告書卷，並鼓勵信徒在個人或集體靈修的時候使用它。**詩篇靈語**是節錄自詩篇的一段短文，和你剛讀過的經文和潘霍華的文選有關。再一次，慢慢地讀，品嘗其中的字句。這也許讓你得以從另一個觀點看當天的文選和輔助經文，有助你進一步發掘它們的意義。

然後，轉到**筆下省思**這個標題。在這部分提供了寫靈程日記的一些建議，幫助你把所閱讀的應用在自身的經驗中。寫靈程日記是每天的高潮，它所具有的生命轉化的潛力也是最大的。你最好買一本日記本子，而不只是用**靈程心得**的空白部分來寫。日記本子可以用文具店賣的活頁簿或硬皮簿。稍後會有有關寫靈程日記的提示。不過現在，讓我們先回到四十天旅程這本書上。

在**筆下省思**之後，你會看見還有兩個標題。第一個是**代禱指引**。潘霍華深信，基督徒所能實行的最高尚的服事，就是為親友、為個人的信仰羣體、為在不公義之下受害的人，以及為仇敵代禱。在這個標題下，你會看見與當天的閱讀重點有關的一些代禱建議。最後一個部分（在**靈程心得**之前）是**是日禱文**，一段簡潔的禱文，既完結了你和潘霍華的「約會」，又是你在當天可以不時獻上的禱告。

有關寫靈程日記的提示

日記是很有用的工具。寫日記是默想的一種形式，也是更深入認識自己和認識神的一種很深刻的方法。雖然你可以在看這本四十天旅程的同時「在腦子裏」作出反思，但寫下來能幫助你集中你的思想，澄清你的想法，並記錄你的領悟、問題和禱告。寫作是具生產力的活動：它使你能產生一些想法，是你不能藉著其他途徑而獲得的。

寫日記的幾點提示

1. 憑著恩典來寫你的日記。不要因為試著要寫得完美而妨礙了你寫的過程。只要寫得自如，不要擔心文筆如何，有沒有拼錯字或文法上的錯誤。你的目的不過是要產生一些和你的人生相關的想法，並把它們記在紙上。
2. 你或許想以禱告來開始和結束你的寫作過程。當祈求聖靈的引導和智慧（在你寫完以後也要為聖靈的引導和智慧感謝神）。
3. 如果你寫的範圍超過了本書所提的問題，只要順著你的方向走。讓書中的問題推動你而不是限制你的寫作。

4. 要誠實地作出回應。不要寫一些你認為你應該相信的東西。要按你的分辨能力，寫下一些你實際上相信的東西。如果你不知道或不肯定，又或，如果你有疑問，也都把這些寫下來。疑問往往是屬靈成長的機會。
5. 在你每天的日程中，要隨身帶著這本書和你的日記本（小心保管，別讓好奇的目光偷看它們）。這四十天的旅程是一次感受強烈的體驗，它是不會隨著你把書本合上而停止的。你的思維、心思和靈性都會一整天被掀動。隨身帶著本書和你的日記本，可在你有新點子時，幫助你寫下一些筆記或加入新的想法。

結伴同行

你可以與另一個人（一位屬靈友伴或伙伴）或在小組中使用本書。最好各人先獨自完成閱讀、反思和寫日記的部分。然後，當你們聚在一起的時候，可以分享你們在獨處時所獲得的亮光。你們的討論很可能會集中在**思考問題**上，不過，如果彼此關係密切，你們也許會樂於分享你們在日記中所寫的若干內容。但無論如何，沒有人應該會感到被迫要分享他/她的日記，如果他/她感到這樣做不自在的話。

要記住，你們的目的是要彼此學習，不是要爭論，或是要證明你是對的而別人是錯的。只要學習聆聽，並嘗試去明白為甚麼你的伙伴、朋友或同事會有他/她自己的想法。

藉著操練彼此代禱，你會發現，參與旅程的人彼此的屬靈聯繫得到強化了。而當你們努力把所獲的亮光化成行動的時候，你們的經驗分享會成為彼此鼓勵和指導的方式，並且在必要的時候，造就彼此溫柔地矯正的機會。

未完的旅程

當四十天(或四十個星期)過去後，你到達了一個里程碑，但旅程不一定就此結束。四十天系列叢書的其中一個目標是，把你介紹給某個屬靈導師，期望激起你更大的興趣，讓你繼續你的旅程。本書末附有進深閱讀的建議，那會使你與你的屬靈導師有更進一步的同行旅程。

潘霍華其人

潘霍華是二十世紀最重要的神學家之一。他是推動普世教會合一運動的領袖，又是《追隨基督》和《團契生活》等屬靈經典名著的作者。他是信義宗的牧師，在一九三〇及四〇年代勇敢地領導人們反抗德國的希特勒和納粹黨。他付出努力去結束第二次世界大戰，維護並幫助猶太人，後來更參與一個密謀推翻希特勒的計劃，於一九四五年遭納粹黨處死。他的著作至今仍在世界各地受人們廣泛地閱讀。

潘霍華於一九〇六年生於一個卓越的德國家庭，父親是精神科醫生，在大學任教精神病學；母親是敬虔的人，在家中教導八個年幼的子女。潘霍華自孩提起即表現出對音樂的熱愛，後來成了一位有造詣的鋼琴家。他全家喜歡在家中唱巴哈的聲樂曲。

十七歲那年，潘霍華決心修讀神學。他在圖賓根大學（University of Tübingen）唸了幾年之後，就在西班牙的巴塞羅那（Barcelona）擔任代理牧師，牧養一羣說德語的僑民。在那裏他很受歡迎，尤其為孩子和少年人所喜愛。

一九三〇至一九三一年，潘霍華在美國紐約市的協合神學院（Union Seminary）修讀一年神學，同時經常參加在哈林（Harlem）這黑人住宅區內美籍非裔人的教會崇拜，漸漸愛好起黑人靈歌來。

回到德國後，他教授神學，並與英國及北歐諸國的教會領袖們一同參與促進普世教會合一的活動。他本有意到印度去，想從印度領袖甘地身上學習，但德國的政治形勢不容許他這樣做。

一九三三年，希特勒和納粹黨奪取了對德國的控制權，開始向基督教教會及處於弱勢的猶太人施壓。在隨後政府和教會之間的「教會鬥爭」中，潘霍華扮演著一個愈來愈大聲講出自己看法的角色。

一九三四年，一羣信義宗的牧者組織起來，對抗由納粹黨控制的國家教會，導致日後認信教會（Confessing Church）的形成。認信教會是獨立的基督新教教會，它反對國家教會與納粹黨合作，又反對納粹運動那種懷有種族偏見的國家主義。

潘霍華在波羅的海（Baltic Sea）的芬根瓦（Finkenwalde）主持一間神學院，為所謂「認信的教會」訓練牧者。這間神學院與希特勒和官方的國家教會過不去，終於在一九三七年遭納粹德國的祕密警察組織蓋世太保所關閉，但潘霍華仍繼續在地下訓練牧者。

一九三九年，潘霍華利用暑假到紐約教授神學。在第二次世界大戰爆發之前不久，朋友們勸他留在美國，但他強烈地感到需要回德國去，與德國人共渡難關。一九四○年，他被召加入抵抗組織，與其他人合謀推翻希特勒政權，同時與英國及其他盟友商討和平。

一九四三年四月，潘霍華被捕，在監牢中渡過他人生的最後兩年。一九四五年四月，他被希特勒判以死刑，並在四月九日遭處決。他的家人在英國廣播公司的電台上聽到有一個為紀念他的追悼會，才知道他已經遇難。

自一九三〇年代早期開始，潘霍華的著作經已在德國出版，而英譯本則在一九四五年開始面世。他的好幾本著作如《獄中書簡》(*Letters and Papers from Prison*)、《倫理學》(*Ethics*)、《追隨基督》(初名 *The Cost of Discipleship*)及《團契生活》，都為他贏得了名聲。現在，他已被視為當代其中一位重要的神學家和屬靈作家。

目錄

40-Day Journey
with Dietrich Bonhoeffer

40天旅程

第 1 天　耶穌的命令

惟獨那專一地聽從耶穌的命令，並毫不抗拒地服在祂軛下的人，才發現祂的擔子是輕省的，且在這柔和的壓力下，領受走正路的能力……又假若我們響應了祂的呼召而作門徒，我們將會被領到甚麼地方去呢？這恩召要求我們作甚麼樣的決定與捨棄呢？要回答這些問題，我們必須來到祂的面前，因為只有祂知道答案。惟有吩咐我們跟從祂的耶穌基督知道這旅程的終點。但我們卻知道那將會是一條充滿著憐憫的道路。因為作門徒就是喜樂的意思。

輔助經文

> 凡勞苦擔重擔的人可以到我這裏來，我就使你們得安息。我心裏柔和謙卑，你們當負我的軛，學我的樣式；這樣，你們心裏就必得享安息。因為我的軛是容易的，我的擔子是輕省的。（太十一 28～30）

安靜默想

• • •

思考問題

- 我們應該遵守的是耶穌的甚麼「命令」?（參約十五 12）
- 如果這命令就是耶穌的「軛」，那麼當我們不加抗拒而背負它的時候，我們可會怎樣被改變過來？
- 為甚麼遵守耶穌的命令可能會導致艱難的「決定與捨棄」?

詩篇靈語

耶和華啊，求你將你的道指示我，
　　將你的路教訓我！
求你以你的真理引導我，教訓我，
　　因為你是救我的神。
　　我終日等候你。（詩二十五 4～5）

筆下省思

- 作門徒的意思不只是單單相信耶穌而已，它的意思是跟隨耶穌。在你的日記裏，反思你現在是如何跟隨耶穌。
- 你體驗到作門徒是「喜樂」的事嗎？你作門徒的「擔子」是否「輕省」呢？

- 你有沒有感覺到，耶穌或會想要帶領你到某些地方，是你寧可不去的？如果你有這樣的感覺，請指出那些是甚麼地方，以及攔阻你的是甚麼？

代禱指引

具體地為家人、朋友和同事禱告，好叫他們能夠清楚地聽見作門徒的呼召（就是實踐愛和公義的呼召），並且在具體的現實生活中，體驗到遵守耶穌的命令是喜樂的事。

是日禱文

主耶穌，惟有你知道我的路通往哪裏，但我深信，即使我不知道這條路，也不知道目的地是哪兒，你總是與我同在，走在我前面；我以喜樂的心跟隨你。

靈程心得

第 2 天　每日靈糧

信徒一天之中需要有個獨處的時間，是為了下述三件事：**默想經文、禱告、代禱**……

在默想中，我們是根據上帝的應許，讀所選的經文，相信這段經文無論對我們個人今天的生活，還是我們作為信徒整體，都有特別體己的意義，同時，不獨有為會眾而設，也有為我個人而設的聖道……〔我們〕將上帝的道當作上帝向我們所說的話便可以了。我們不問這段經文對別人有甚麼意義。即使對我們傳道人來說，也不是叫我們怎樣去教導別人，而是留心這段經文對我們自己有甚麼特別的教導。

輔助經文

> 應當一無掛慮，只要凡事藉著禱告、祈求、和感謝，將你們所要的告訴神。神所賜、出人意外的平安，必在基督耶穌裏保守你們的心懷意念。（腓四 6～7）

安靜默想

• • •

思考問題

- 為甚麼默想經文、禱告和代禱對信仰生活是那麼的重要？
- 要做到每天抽出時間來獨處，默想經文、禱告和代禱，其中可會有甚麼障礙？要如何克服這些障礙？
- 「將上帝的道當作上帝向我們所說的話」，而不是當作給別人的話來讀，如何帶來靈性上的更新轉化？

詩篇靈語

你的言語在我上膛何等甘美，

　　在我口中比蜜更甜！

我藉著你的訓詞得以明白，

　　所以我恨一切的假道。

你的話是我腳前的燈，

　　是我路上的光。（詩一一九 103～105）

筆下省思

- 在你的日記裏，反思你目前的禱告和默想生活，你感到滿意嗎？你有沒有給這些活動充分的時間？

- 你可如何增加每天用在默想、禱告和代禱的時間？
- 寫下一些你最近從默想經文中學會的東西。這在你的人際關係或工作上怎樣改變了你？

代禱指引

為你自己、你的家人和屬靈的友人（提名）禱告，好叫你們在閱讀神話語上得著鼓勵和智慧。祈求主讓你在了解他人的需要以及在為他們禱告的事上有辨識力。

是日禱文

主，求你吸引我到你活潑的道那裏，讓它成為我旅途上的食物。

靈程心得

第 3 天　清晨的禱告

白天既獲合一，那麼整日便有次序和紀律。這是必須要在晨更的禱告裏尋找的，找到了便在工作中予以持守。清晨的禱告決定白天的生活。我們慚愧自己浪費了時間，陷入各樣的試探，工作無精打釆，而且無論思想上或與人往來都顯得雜亂無章、粗暴無禮，究其原因，往往正是因為我們忽視了晨更禱告之故。若是出於禱告的結果，我們對時間的組織和分配，就會緊湊得多。

輔助經文

> 次日早晨，天未亮的時候，耶穌起來，到曠野地方去，在那裏禱告。（可一 35）

安靜默想

• • •

思考問題

- 「清晨的禱告」在哪些方面「決定白天的生活」?
- 我們遇到的許多難題，都是「因為我們忽視了晨更禱告之故」，你同意這個說法嗎？為甚麼？
- 禱告怎樣能指引出「我們對時間的組織和分配」?

詩篇靈語

耶和華啊，求你留心聽我的言語，
　　顧念我的心思！
我的王我的神啊，
　　求你垂聽我呼求的聲音！
　　因為我向你祈禱。
耶和華啊，早晨你必聽我的聲音；
　　早晨我必向你陳明我的心意，並要警醒！（詩五 1～3）

筆下省思

- 你通常怎樣運用清晨的時間？把它寫下來。你在上班或上學之前做些甚麼？
- 你對自己如何運用清晨的時間感到滿意嗎？如果不滿意，你想怎樣運用清晨的時間呢？

- 按你目前的情況，禱告如何作為你清晨的時間的一部分呢？你想作出甚麼改變嗎？

是日禱文

主，求你指示我清晨中的一段時間，讓我可以在新的一天聆聽你的聲音，在新的一天跟你談話。

靈程心得

第 4 天 禱告和工作

晨更以後直到晚上，這一整天便屬於**工作**的時間了。「人出去做工，勞碌直到晚上。」（詩一○四 23）在大多數的情況下，信徒的家庭團契都會因工作而暫時分開。禱告和工作是兩回事。禱告不應受到工作的阻礙，反之亦然。正如按照上帝的旨意，人工作六天，第七天就要在上帝面前休息，定為聖日。所以基督徒的每一天都以禱告和工作作為雙重標記，這也是上帝的旨意。禱告固然需要時間，然而白天的大部分時間是屬於工作的。只有兩者各自得到自己不可割讓的一部分，然後才可以清楚顯示兩者是融合不可分的。

輔助經文

> 無論做甚麼，都要從心裏做，像是給主做的，不是給人做的，因你們知道從主那裏必得著基業為賞賜；你們所事奉的乃是主基督。（西三 23～24）

安靜默想

• • •

思考問題

- 禱告可會如何受到工作的阻礙？
- 工作可會如何受到禱告的阻礙？
- 禱告和工作兩者之間有甚麼關係？

詩篇靈語

願主——我們神的榮美歸於我們身上。
　　願你堅立我們手所做的工；
　　我們手所做的工，願你堅立。（詩九十 17）

筆下省思

- 反思你做的工作。它給你滿足感和意義嗎？它反映了你的價值嗎？它反映了你的信仰嗎？請解釋。
- 禱告如何在你的工作上支持你？禱告在哪些方面有助模塑你的工作以及你工作的方式？
- 除了為收入而做的工作之外，你在家裏或社區內還做些甚麼有意義的工作呢？禱告與這類工作有何關係？

代禱指引

為你的同事禱告，好叫他們能在工作上找到真正的滿足和意義。為你工作場所的人際關係禱告，特別是為那些可能會有衝突和張力出現的關係禱告，祈求你和同事能夠互相支持，互相鼓勵。

是日禱文

主，當我出去做工的時候，願我帶著喜樂和熱誠出去，做好手上的工作。願我的工作對自己有益，對別人有益。

靈程心得

第 5 天　學習感恩

在信徒的團契中，像在信徒生活的其他方面一樣，感恩是少不了的。誰願意為那微不足道的事感恩，也就會領受那更大的事。我們若不為日常的事物感恩，就阻擋上帝賜下祂預備好了的、那更大的屬靈恩賜。我們老是想，我們所得到的屬靈知識、經驗和愛心，都是有限得很，不能令人滿意，於是我們經常渴望那更大的恩賜。於是我們埋怨上帝，因為我們不像其他信徒一樣，有那麼大的確據、那麼剛強的信心、那麼豐富的經驗；我們並且認為這樣的訴苦是敬虔的表現。我們祈求那更大的事，卻忘記了為那些日常的、小的（其實一點也不小！）恩賜獻上感謝。我們既不存感恩的心，從上帝手中去領取那微不足道的事，又怎能盼望祂交託我們那更大的事呢？

輔助經文

到那日，你必說：耶和華啊，我要稱謝你！因為你雖然向我發怒，你的怒氣卻已轉消；你又安慰了我。看哪！神是我的拯救；我要倚靠他，並不懼怕。因為主耶和華是我的力量，是我的詩歌，他也成了我的拯救。所以，你們必從救恩的泉源歡然取水。在那日，你們要説：當稱謝耶和華，求告他的名……（賽十二1～4）

安靜默想

• • •

思考問題

- 社會中有哪些文化力量，阻礙我們去經驗和表達感恩？
- 哪些是我們每天從神領受的「小恩賜」?
- 信仰羣體中可如何肯定、尊重並歌頌這些「小恩賜」?

詩篇靈語

我的心哪，你要稱頌耶和華！
　　凡在我裏面的，
　　也要稱頌他的聖名！
我的心哪，你要稱頌耶和華！
　　不可忘記他的一切恩惠！
　　他赦免你的一切罪孽，
　　醫治你的一切疾病。
　　他救贖你的命脱離死亡，
　　以仁愛和慈悲為你的冠冕。

他用美物使你所願的得以知足，
以致你如鷹返老還童。（詩一〇三 1～5）

筆下省思

- 在這四十天旅程餘下的每一天完結之時，在你的日記中寫下你為該天感恩的事情。
- 反思你從神那裏領受的「小恩賜」，是如何塑造了你的生命和你的人際關係。

代禱指引

祈求你會成為家中、在朋友和同事間、以及在你的信仰羣體中的一把感恩的聲音。祈求這聲音會鼓勵其他人為他們所感恩的許多事情開聲感謝神。

是日禱文

主，開我的眼睛，好讓我看見我的人生是何等充滿恩賜；讓我的人生成為一首讚美和感恩的詩歌。

靈程心得

第 6 天　提防偶像崇拜

屬世的財貨是給我們使用的，不是來積儹的。神在曠野每日將嗎哪賜給以色列人，他們無須為飲食擔心。真的，他們如果將嗎哪留到第二天，它就變壞了。照樣，門徒必須每天從神領受他的那一份。他若將它積存起來作為永久的產業，他不但糟蹋了那禮物，也糟蹋了自己，因為他將他的心放在他所積存的財物上，並且使財物成了他與神之間的一道阻障。我們的財寶在那裏，我們的倚靠，我們的安全，我們的安慰和我們的神也在那裏。積蓄就是拜偶像。

但是，我們該在何處劃分合理的使用與不法的儲存呢？讓我們將耶穌的話掉轉過來，我們的問題就得到了解答：「你的心在那裏，你的財寶也在那裏。」當然，我們的財寶可能是又少而又不引人注意的，但是它的大小卻是無形的；它完全在乎心，完全在乎我們自己怎樣去看它。我們若問我們怎麼知道我們的心在那裏，那答案也是一樣簡單的——凡是攔阻我們，不叫我們愛神過於萬物，並成了我們與我們順從耶穌之間的那一個阻礙，就是我們的財寶，和我們的心所在的地方。

輔助經文

所以，不要憂慮說，吃甚麼？喝甚麼？穿甚麼？這都是外邦人所求的。你們需用的這一切東西，你們的天父是知道的。（太六 31～32）

安靜默想

• • •

思考問題

- 在我們這個消費主義和貪婪的文化裏，我們如何能知道，幾時才是真正的足夠？
- 假如「積蓄就是拜偶像」，一個信仰羣體可會如何陷入認可及促進偶像崇拜？
- 如果我們「愛神過於萬物」，我們與「萬物」之間的關係會產生甚麼的變化？

詩篇靈語

萬民都舉目仰望你；
　　你隨時給他們食物。
你張手，
　　使有生氣的都隨願飽足。

耶和華在他一切所行的，無不公義；
　　在他一切所做的都有慈愛。
凡求告耶和華的，就是誠心求告他的，
　　耶和華便與他們相近。（詩一四五 15～18）

筆下省思

- （儘可能誠實地）反思你特有的偶像崇拜，有哪些事物（或人）是你的心所在的地方，並成了你與你順從耶穌之間的那一個阻礙。
- 在你的日記中，想想你能夠做些甚麼來使你的心從偶像轉向神。

代禱指引

為你自己、你的家人和朋友（提名）禱告，好叫你們能有智慧去識別你們的偶像，並且有恩典放開它們，能以愛神過於萬物。

是日禱文

主，願我以認識你、跟從你作為我真正的財寶。願你對我的愛和我對你的愛之間沒有阻礙。

靈程心得

第 7 天　不要為明天憂慮

不要憂慮！世上的財產迷亂我們的眼目，並欺騙我們，使我們以為財產能使人安全無憂。然而，財產常常正是一切憂慮的根源。我們的心若專注在財產上，我們的酬報就是憂慮，這憂慮的擔子是叫人難以忍受的。憂慮積聚其自己的寶貝，而這些寶貝又輪流產生更多的罣慮。當我們在財產中尋求安全的時候，我們就是嘗試用罣慮趕走罣慮，而所得到的純粹結果恰巧與我們所預期的相反。那些把我們捆綁在我們的財產上的鎖鏈，其實就是罣慮本身。

安用我們財產的方法就是將它們用來保明天的險。憂慮總是指著明天，然而財物嚴格說來只是為今天用的。由於想保明天的險，我們就只有在今日造成〔自己〕不安。一天的難處一天當就夠了。得到保險的惟一方法就是將明天完全交在神的手中，並從祂領受今天所需用的一切。我們若不從神領受今日的賜與而只顧為明天罣慮，我們就成了那無窮憂慮的可憐的犧牲者。

輔助經文

你們要先求他的國和他的義，這些東西都要加給你們了。所以，不要為明天憂慮，因為明天自有明天的憂慮；一天的難處一天當就夠了。（太六 33～34）

安靜默想

• • •

思考問題

- 假如「憂慮積聚其自己的寶貝，而這些寶貝又輪流產生更多的罣慮」，那麼我們怎樣可以停止憂慮？
- 我們如何能分辨我們生活中真正「需要」的東西，和我們以為我們需要，但其實只是想要的東西呢？我們能滿足於我們真正需要的東西嗎？
- 實際來說，停止「妄用我們的財產」，「將明天完全交在神的手中」是甚麼意思？

詩篇靈語

神啊，你的慈愛何其寶貴！
　　世人投靠在你翅膀的蔭下。
他們必因你殿裏的肥甘得以飽足；

　　你也必叫他們喝你樂河的水。
因為，在你那裏有生命的源頭；
　　在你的光中，我們必得見光。（詩三十六7～9）

筆下省思

- 把你今天的憂慮寫下來。
- 反思你為何有這些憂慮。
- 這些憂慮中有多少是與你所擁有的東西或你想擁有的東西有關的？
- 試探討對於在今天和明天信靠神，這如何可紓解你的憂慮和恐懼。

代禱指引

為你所認識、處於憂慮或害怕之中的人禱告，求神藉著加增他們對神的適時護佑的信任，將他們從憂慮中解救出來。

是日禱文

主，我把我的憂慮交在你的恩手中，讓我今天活著深信有你與我同在，並且我擁有的東西比我需要的還多。

靈程心得

第 8 天　作貧窮的門徒

門徒在生活的各方面，都逃不出貧乏的命運。他們純乎是「貧窮的」(路六20)。他們沒有保障，他們沒有自己的財產，甚至沒有寸土可以稱得上是自己的家，他們在世上也沒有可以絕對盡忠的社團。更有甚者，他們沒有可使他們得到安慰或安全的靈性力量，經驗或知識。為了祂，他們已經失去了一切。為著要跟從祂，他們甚至失去了他們自己，及一切可以致富的東西。現在他們是貧窮的——他們是如此的沒有經驗，如此的愚拙，以致除了呼召他們的一位以外，他們竟別無盼望。

輔助經文

心靈貧窮的人有福了！因為天國是他們的。(太五3《和合本修訂版》)

安靜默想

• • •

思考問題

- 上文提及的有哪幾種貧窮？
- 在信心的生活中，作貧窮的門徒有何意義？
- 潘霍華斷言，門徒為耶穌的緣故失去了一切。為甚麼耶穌要這樣呢？

詩篇靈語

但我是困苦窮乏的，
　　主仍顧念我；
你是幫助我的，搭救我的。
　　神啊，求你不要耽延！（詩四十 17）

筆下省思

- 反思為何你作為耶穌的門徒，會（或不會）看自己是貧窮的。
- 你能夠想像，自己能把貧窮視為一種恩賜嗎？為甚麼？

代禱指引

為「富有」的人禱告，好叫他們對「貧窮」的人有憐憫之情。為「貧窮」的人禱告，好叫他們對「富有」的人有憐憫之情。

是日禱文

主，幫助我為你的緣故失去一切，並由此發現我在你裏面所擁有的一切及我自己。

靈程心得

第 9 天　承擔憂患

在每一種福氣之間，門徒與百姓的距離愈來愈遠了。而他們之被召，要從百姓中走出來，也愈來愈告明顯。當然，耶穌說「哀慟」是指不必希求世界稱之為**幸福和平安**等事；祂的意思是拒絕和世界協調，或適應世界的標準。這樣的人要為世界及世界的罪惡、命運和幸福哀慟……沒有人比門徒更愛其同胞，沒有人比基督徒的團契更了解其同儕，但由於那種愛的驅使，他們就不得不在一旁哀慟了。路德在此將〔哀慟〕那個希臘字譯為德文的 *Leid tragen*（擔憂），實在是一種令人稱賞且富於暗示的思想。因為這裏的著重點就是承擔憂患。門徒的團契並不避開憂患，當作不關己的事一樣，乃是願意將之承擔起來。他們這樣做，就顯出他們與其他人的關係是何其密切。然而同時，他們沒有到外邊去找尋苦難，或欲採取輕蔑的態度以擺脫苦難。他們在跟從耶穌基督的當兒，遇見了甚麼苦難，就為了祂的緣故承擔起來。憂患不能使他們疲倦，不會使他們驚恐，也不能使他們在重壓之下爬不起來；絕不，因為他們背負憂患是靠著那扶持他們的那一位，祂已經在十架上擔當了全世界的苦難。他們在與那位被釘者的交往中，共同擔當憂患：他們能夠站在世界上作客，是靠著那一位的力量，因為祂在世界上也是沒有人認識的，所以就被釘死了。

輔助經文

哀慟的人有福了！因為他們必得安慰。（太五 4）

安靜默想

• • •

思考問題

- 實際來說，「為世界哀慟」是甚麼意思？
- 一個「門徒的團契」如何能以健康而具救贖功效的方式去承擔憂患？
- 個別的基督徒和信仰羣體如何能既不適應世界的標準，又不輕蔑世界？
- 說到那些為世界的緣故承擔憂患的基督徒，他們如何與那位「在十架上擔當了全世界的苦難」的主接合？

詩篇靈語

你已將我的哀哭變為跳舞，
　將我的麻衣脫去，

給我披上喜樂，

好叫我的靈歌頌你，並不住聲。

耶和華——我的神啊，我要稱謝你，直到永遠！（詩三十 11～12）

筆下省思

- 列出你曾「為世界」哀慟的時刻。
- 反思你這些哀慟的經歷。它們是怎樣的？你做了些甚麼？你感覺如何？有甚麼資源幫助了你渡過哀慟的時刻？
- 你曾經因為基督教信仰而必須承擔憂患嗎？寫下你的經驗。你從這經驗中學會了甚麼？

代禱指引

為世界的「罪惡、命運和幸福」禱告。為那些承受著世界的不公義的人禱告，好叫他們發覺公義的存在。為不公義的人禱告，好叫他們親嘗悔改和蒙赦免的經歷，並且心中充滿憐憫，開始秉公行義。

是日禱文

主耶穌，求你賜我憐憫和愛，來對待這受傷的世界，好叫我為一切受著各種痛苦的人們誠摯地哀慟。

靈程心得

第10天 捨棄自己的一切權利

這個異鄉客的團契自己沒有與生俱來的權利，以保護他們在世上的肢體，而且他們也不要求這樣的權利，因為他們是溫柔的，他們**捨棄自己的一切權利**，並為了耶穌而活。當他們被責罵的時候，他們就沉著氣；當他們被虐待的時候，他們就安靜地忍受；當他們被驅逐的時候，他們就離開他們的立足地。他們不會到法庭去辯護他們的權利，他們蒙受不公平的時候不會發脾氣，他們也不堅持他們在法律上的權益……但耶穌說：「他們必承受地土。」世界是屬於這些沒有力量，被褫奪公權的人。那些現在藉暴力與不義獲取地土的，將要失去地土，而那些在此完全加以捨棄的，因為他們溫柔以至於被釘十架，所以將要統治這個新世界。

輔助經文

溫柔的人有福了！因為他們必承受地土。（太五5）

安靜默想

・・・

思考問題

- 說門徒為耶穌基督的緣故「**捨棄自己的一切權利**」是甚麼意思？
- 為甚麼門徒「不堅持他們在法律上的權益」?
- 耶穌的追隨者應該在面對罪惡時採取非暴力的回應嗎？
- 「世界是屬於這些沒有力量，被褫奪公權的人。」這話是就何種意義而言？

詩篇靈語

耶和華啊，謙卑（譯按：或譯「溫柔」）人的心願，你早已知道。
　　你必預備他們的心，也必側耳聽他們的祈求，
　　為要給孤兒和受欺壓的人伸冤，
　　使強橫的人不再威嚇他們。（詩十 17～18）

筆下省思

- 有沒有哪些權利是你寧可維護它也不會「為耶穌基督的緣故而捨棄」的？請解釋。

- 想想你的生活方式和你在關係中的表現。你會不會說自己是溫柔的？為甚麼？
- 你現在的生活中，有沒有一個處境是你需要溫柔的恩賜的？如有的話，請寫下來。要是你真的表現溫柔的話，該處境可會怎麼不一樣？你需要做些甚麼？

代禱指引

為那些有權勢而妄自尊大、常常大聲地要求有自己權利的人禱告，好叫他們成為真正溫柔的人，謀求別人的好處而不是自己的好處。

是日禱文

主耶穌，幫助我為你的緣故捨棄自己的權利。給我溫柔的恩賜，使我作你「和平的工具」。

靈程心得

第 11 天 捨棄自己的義

跟從耶穌的人不獨捨棄他們的權利，他們也**捨棄他們自己的義**。他們所作的犧牲與成就得不到稱讚。

他們除了飢渴慕義以外，在地上不能得到義（這對於他們自己的義及上帝的義亦然），他們永遠向前仰望上帝將來的義，而不能為自己建立義。那些跟從耶穌的人在路上飢渴了。他們渴望所有的罪得到赦免，渴望完全的更新，也渴望世界的更新和上帝的律法得以完全建立起來。

輔助經文

飢渴慕義的人有福了！因為他們必得飽足。（太五6）

安靜默想

• • •

思考問題

- 捨棄你自己的義可會是甚麼意思？
- 為甚麼門徒「在地上不能得到自己的義及上帝的義」？這是不是支持悲觀主義或犬儒主義的一個理由？
- 如果一間教會捨棄它自己的義，那麼這間教會在它與其他教會、凡俗世界以及其他宗教的關係上，會發生甚麼改變？
- 常常飢渴慕義，會不會導致有所行動或不行動？為甚麼？

詩篇靈語

因為耶和華的言語正直；

　　凡他所做的盡都誠實。

他喜愛仁義公平；

　　遍地滿了耶和華的慈愛。（詩三十三 4～5）

筆下省思

- 在你的人生中，你如何經歷飢渴慕義？你可以做些甚麼來緩解這種飢渴？
- 據你了解，我們的世界是如何飢渴慕義？你所屬的信仰羣體可以做些甚麼來緩解這種飢渴？

代禱指引

想一想，世界上有哪些地方、在哪些情況下，人們受著不義之苦。祈求神的子民會對這種苦難説不，對不公義説不，並且與那些「為義」受苦的人團結起來，一同努力。

是日禱文

主，願你公義的國度臨在於我的生命以及世界之中。

靈程心得

第 12 天　捨棄自己的尊嚴

這些沒有財產與能力的人，這些世界上的異鄉客，這些罪人，這些跟從耶穌者，在他們與祂一起生活中，已經**捨棄他們自己的尊嚴**了，因為他們是憐恤人的。他們自己好像還不夠貧乏和困苦一樣，他們要將別人的困苦，羞辱與罪過放在自己的身上。他們對於被踐踏的，患病的，可憐的，犯過失的，被遺棄的，以及一切憂傷煩惱的人，都懷有一股無可抗拒的愛。他們到外面尋找一切陷於罪過當中而受苦的人。他們滿著憐憫，並不以為有甚麼太大的困苦，有甚麼太可怕的罪是他們所擔當不了的。如果有人陷於不名譽中，憐恤人的就犧牲自己的名譽加以保護，將別人的羞辱放在自己的身上。他們與稅吏和罪人來往，並不介意因此而招致羞辱。為了要憐恤人，他們丟棄人生中最寶貴的東西——個人的尊嚴和名譽。因為他們知道**惟**一的名譽和尊嚴就是主自己的憐憫，那是他們的生命惟獨賴以為生的。

輔助經文

憐恤人的人有福了！因為他們必蒙憐恤。（太五 7）

安靜默想

• • •

思考問題

- 實際來說，憐恤是甚麼樣子的？憐恤人的人是如何表現的？
- 為甚麼要成為真正憐恤人的門徒，就必須「**捨棄他們自己的尊嚴**」？
- 一間教會可怎樣捨棄自己的尊嚴而成為憐恤人的教會？
- 耶穌怎樣為了憐恤人，捨棄了尊嚴，而成為我們的榜樣？
- 有沒有甚麼人是不值得門徒憐恤的？為甚麼？

詩篇靈語

正直人在黑暗中，有光向他發現；
　　他有恩惠，有憐憫，有公義。
施恩與人、借貸與人的，這人事情順利；
　　他被審判的時候要訴明自己的冤。（詩一一二 4～5）

筆下省思

- 記下你向人施憐憫的一個時刻。當時你感覺如何？
- 記下你拒絕向人施憐憫的一個時刻。當時你感覺如何？

- 反思神向你施憐憫的各種方式。

代禱指引

想想有哪些人需要體驗被人憐恤的滋味。為他們的需要代求。問神你可以做些甚麼來向他們展示憐憫。

是日禱文

主，但願你向我展示的無限憐憫，使我能向其他人展示真正的憐憫。

靈程心得

第 13 天　完全屬於耶穌

誰是清心的人呢？就是那些已經將他們的心完全交給耶穌，使祂單獨管理他們的人。只有那樣的人，他們的心才既不為他們自己的邪惡，亦不為他們自己的德行所污染。清心的人像亞當墮落之前一樣，單純得好似孩童，既不知善，亦不知惡：他們的心不為其良心所管轄，卻受治於耶穌的旨意⋯⋯清潔的心對善與惡同樣地純潔，這完全屬於基督，並且惟獨仰望在前面行走的那一位。只有那些在今世已經單獨地仰望耶穌基督——上帝的兒子——的人，才會看見上帝。因為惟其如此，他們的心才能免除一切污穢人的幻想，不為矛盾的意欲所拉扯。他們完全沉醉於默想上帝之中，他們要看見上帝，因為他們的心已經反射出耶穌基督的形象了。

輔助經文

清心的人有福了！因為他們必得見神。（太五 8）

安靜默想

• • •

思考問題

- 身處我們這複雜的世界中而仍把你的心「完全地」交給耶穌，這有多大可能？
- 說人們的心可以「為他們自己的德行所污染」是甚麼意思？
- 那些「心已經反射出耶穌基督的形象」的人是怎樣與別人（包括朋友和陌生人）相交的？

詩篇靈語

誰能登耶和華的山？
　　誰能站在他的聖所？
就是手潔心清、
　　不向虛妄、
　　起誓不懷詭詐的人。
他必蒙耶和華賜福，
　　又蒙救他的神使他成義。（詩二十四 3～5）

筆下省思

- 潘霍華寫道：「清心的人單純得好似孩童……」回想你還是

孩童的時期，你對事物的看法跟你現在作為大人的看法有何不同？

- 在你和神的眼光之間，有甚麼（如有的話）「污穢人的幻想」阻隔著？你可如何著手清理你心中的這些幻想？
- 你有甚麼（如有的話）「拉扯」著你的種種「矛盾的意欲」，正妨礙你看見神？你可如何著手消除這些矛盾的意欲？

代禱指引

為你所認識的一切孩子（然後為所有孩子）禱告，求神保護他們免受「污穢人的幻想」的文化所引誘。

是日禱文

主，幫助我想望一件事：讓我完全地、整個地歸屬於你。

靈程心得

第14天　捨棄一切強制和暴行

耶穌的跟從者被召進入平安裏。祂呼召他們的時候，他們就得著平安，因為祂是他們的平安。然而現在耶穌告訴他們，他們不獨必須要有平安，同時也要使人有平安，為了那個目的，他們於是**捨棄一切強制和暴行**。因為在基督的國度裏，這樣的方法是不會得著甚麼的。祂的國度是和平的國度，祂的羊羣也以平安彼此問候。祂的門徒寧願自己忍受痛苦以保守和平，而不欲別人吃苦。別人要破壞團契的交往，他們卻加以維護。他們捨棄一切自我要求，並且默默地忍受別人的仇恨和損害。他們這樣做，就以善勝過了惡，並且在世界戰爭和仇恨中建立了上帝的和平。

輔助經文

締造和平的人有福了！因為他們必稱為神的兒子。（太五9《和合本修訂版》）

安靜默想

• • •

思考問題

- 假如個別的基督徒和教會甘心「**捨棄一切強制和暴行**」，以此為真門徒的標記，那會對我們的暴力社會有甚麼影響？
- 「默默地忍受別人的仇恨和損害」，可如何與非暴力抵抗罪惡的做法並存？
- 為甚麼暴力決不能促進基督的國度？

詩篇靈語

有何人喜好存活，
　　愛慕長壽，得享美福，
就要禁止舌頭不出惡言，
　　嘴唇不說詭詐的話。
要離惡行善，
　　尋求和睦，一心追趕。（詩三十四 12～14）

筆下省思

- 你有沒有深入思想過這個事實：你蒙召跟隨耶穌，是為和平而蒙召的？在你的日記裏，反思這樣的領悟使你感覺如何。有沒有想到某些行動？

- 想想一些你和他們之間有衝突或關係緊張的人。反思一下，假如下一次你遇見他們，你以「平安的問候語」問候他們時，將可能發生甚麼事？
- 你有甚麼締造和平的經歷？反思作為一個締造和平者會是甚麼感覺。

代禱指引

為一切政治家和政府官員禱告，祈求他們會「捨棄一切強制和暴行」，在所有層次的管治上，以和平的締造為優先照顧的事項。

是日禱文

賜平安的神，你賜給我平安，現在，求你教導我成為締造和平的人。

靈程心得

第 15 天　為義受逼迫的人有福了

這不是指上帝的義，乃是指為公義的緣由而受苦，為他們公義的判斷和行動而受苦。他們之異於世人，乃因他們為基督的緣故而捨棄了一切財產、權利、他們的義、名譽和力量，以致遭受這些苦。世人要因他們而感到憤怒，所以門徒就不免要為義受逼迫了。世人對於他們的使命和工作，不獨不感激領受，反要棄絕他們。因此，耶穌稱祂的門徒為有福的，不僅為了他們承認祂的名而直接受苦，更因他們為任何正直的緣由而受苦，這是很重要的。

輔助經文

為義受逼迫的人有福了！因為天國是他們的。（太五 10）

安靜默想

• • •

思考問題

- 潘霍華聲稱，門徒會令「世人因他們而感到憤怒」。你對他這話有何想法？
- 為甚麼今天世人對基督徒和教會的態度，更多是漠不關心，過於是被他們冒犯的感覺？
- 當門徒「為任何正直的緣由而受苦」的時候，他或她是如何的「有福」?

詩篇靈語

他永不動搖；
　　義人被記念，直到永遠。
他必不怕兇惡的信息；
　　他心堅定，倚靠耶和華。
他心確定，總不懼怕，
　　直到他看見敵人遭報。
他施捨錢財，賙濟貧窮；
　　他的仁義存到永遠……（詩一一二 6～9）

筆下省思

- 記下你曾經為做一件對的事而受苦的時刻。反思你在這經歷中的感受。

- 你有沒有曾經因為害怕遭人拒絕或害怕受苦而退縮，沒有做出對的事？如有的話，反思這退縮的感受。

代禱指引

想想有哪些你認識（或聽聞）的人正在「為義」受苦。祈求他們可從他們的信仰中得到勇氣和安慰，並且能以得勝。

是日禱文

主，給我智慧去知道，甚麼是對的事，並使我願意為任何正直的緣由而受苦。

靈程心得

第16天 你們是鹽

「你們是鹽。」耶穌沒有說：「你們必須是鹽。」

門徒不能決定他們將來是否為地上的鹽，因為不管他們喜不喜歡，他們就是鹽，他們一蒙呼召，就已經是鹽了。再者，這裏說：「你們是鹽」，不是「你們有鹽」。改教者誤將鹽作為使徒的宣講，結果除去了鹽一切螫人的特性。但不，這句話是論及他們的整個存在，正如八福所規範的存在一樣，要看他們的生活是否重新建立在基督的呼召中而定。基督的呼召使得那些響應的人，在他們整個存在上成為世上的鹽。

輔助經文

你們是世上的鹽。鹽若失了味，怎能叫它再鹹呢？以後無用，不過丟在外面，被人踐踏了。（太五13）

安靜默想

• • •

思考問題

- 鹽有甚麼特質，以致它能成為描述耶穌門徒的一個恰當的譬喻？
- 如果說基督呼召人作門徒改變了我們的整個存在，那麼門徒的生活應該怎樣與那些沒有聽見或接受呼召的人的生活不一樣？
- 門徒的生活中有沒有甚麼範圍是在主呼召人成為世上的鹽的這個呼召之外，而不受其影響的？請解釋。

詩篇靈語

求你賜我悟性，我便遵守你的律法，
　　且要一心遵守。
求你叫我遵行你的命令，
　　因為這是我所喜樂的。
求你使我的心趨向你的法度，
　　不趨向非義之財。
求你叫我轉眼不看虛假，
　　又叫我在你的道中生活。（詩一一九 34～37）

筆下省思

- 明白自己是世上的鹽，這給你甚麼感覺？

- 你有多鹹？
- 列出你在家中、職場和社區作鹽的方式。

代禱指引

想想你的社區有哪些需要「鹽」的地方。祈求你所屬的信仰羣體能在那些地方履行作鹽的呼召。

是日禱文

主，為回應你的呼召，我願作你所造的我，成為世上的鹽。

靈程心得

第17天 廉價的恩典

廉價的恩典乃是我們教會的死敵。我們今天正是為重價的恩典而戰。

廉價的恩典就是在市場上所販賣的恩典，有如廉價商場所叫賣的貨品一樣。聖禮，赦罪，以及一些靈性的安慰，都在割價求售之中被拋售了。恩典被人看為是教會無窮盡的寶庫，教會用不著查詢或予限制，就可以用慷慨的手博施福惠。這是沒有代價的恩典，這是不求代價的恩典……

廉價的恩典就是將恩典作為是一種教義，一種原則，一種制度。它只宣講罪得赦免為一般的真理，上帝的愛被視為是基督教的上帝概念。人們以為只要在頭腦上同意那種概念，就可以獲得赦罪。人們以為教會若對恩典持有正確的教義，實際就在恩典上有分了。在這樣的一個教會中，世界為其罪過找到廉價的遮蓋；無需為罪憂傷，也不必希望真正脫離罪惡。所以，廉價的恩典就等於拒絕上帝永生的道，事實上也就等於否認上帝的道成肉身。

廉價的恩典是指不用罪人稱義而罪得了直。他們說，惟獨恩典成就一切的事，所以一切的事仍可以像從前一樣，絲毫不改變。「一切不能贖罪愆。」世人依然行在老路上，所以正如路德所說，「即令有最好的行為」，我們仍然是罪人。那麼讓基督徒像世界其餘的人一樣地過活，讓基督徒在生活的各方面遵照世界的標準而行，而不必妄自渴望在恩典之下，過其與罪惡的舊生活不同的生活罷……

廉價的恩典乃是我們給予自己的恩典。

廉價恩典是傳揚不需悔改的赦免，沒有教會管教的洗禮，不用認罪的聖餐，和不必本人親身認罪的宣赦。廉價恩典是不付作門徒代價的恩典，是沒有十字架的恩典，也是沒有道成肉身的和永遠活著的耶穌基督的恩典。

輔助經文

> 這卻怎麼樣呢？我們在恩典之下，不在律法之下，就可以犯罪嗎？斷乎不可！豈不曉得你們獻上自己作奴僕，順從誰，就作誰的奴僕嗎？或作罪的奴僕，以至於死；或作順命的奴僕，以致成義。感謝神！因為你們從前雖然作罪的奴僕，現今卻從心裏順服了所傳給你們道理的模範。你們既從罪裏得了釋放，就作了義的奴僕。（羅六 15～18）

安靜默想

* * *

思考問題

- 為甚麼教會是那麼經常地宣揚並施出「廉價恩典」?
- 一間「在〔廉價〕恩典上有分」的教會，其門徒的「鹹度」如何？
- 廉價恩典是「沒有道成肉身的和永遠活著的耶穌基督的恩典」，這話是甚麼意思？

詩篇靈語

神啊，求你為我造清潔的心，
　　使我裏面重新有正直的靈。
不要丟棄我，使我離開你的面；
　　不要從我收回你的聖靈。
求你使我仍得救恩之樂，
　　賜我樂意的靈扶持我。（詩五十一 10～12）

筆下省思

- 在你的日記裏列出潘霍華所指出的關於廉價恩典的所有特徵。
- 你有沒有在你自己的生活或你所屬的信仰羣體的生活裏，發現這其中的一些特徵？如有的話，請在你的日記裏就這些特徵作出反思。

代禱指引

想想你的信仰羣體，祈求它所宣講和實踐的，沒有廉價恩典的成分在內。

是日禱文

主，你以永遠的愛愛我。求你救我脫離廉價恩典，好讓我能以整個生命來回應你的愛。

靈程心得

第18天 作真門徒

宣講廉價的恩典，要比任何看重行為的誡命更加敗壞基督徒……我們必須要為真理的緣故而說出這種信息，因為我們當中那些承認廉價恩典使他們失去了跟從基督的人，更由於失去了跟從基督而失去了對重價恩典的了解。說得簡單一點，我們必須負起這個任務，因為我們現代正要承認我們已經不再作真門徒了。我們承認雖然就恩典的教義而論，我們的教會是正統的，但我們不再確實知道我們所屬的教會是否跟從它的主，所以我們必須嘗試真正瞭解恩典和作門徒之間的相互關係。

輔助經文

> 這樣，怎麼說呢？我們可以仍在罪中、叫恩典顯多嗎？斷乎不可！我們在罪上死了的人豈可仍在罪中活著呢？豈不知我們這受洗歸入基督耶穌的人是受洗歸入他的死嗎？所以，我們藉著洗禮歸入死，和他一同埋葬，原是叫我們一舉一動有新生的樣式，像基督藉著父的榮耀從死裏復活一樣。（羅六1～4）

安靜默想

• • •

思考問題

- 潘霍華説：「宣講廉價的恩典，要比任何看重行為的誡命更加敗壞基督徒。」你認為他這話是甚麼意思？
- 為甚麼廉價恩典會使人放棄追隨基督？
- 恩典和作門徒之間有甚麼相互關係？

詩篇靈語

耶和華——萬軍之神啊，求你使我們回轉，
　　使你的臉發光，我們便要得救！（詩八十 19）

筆下省思

- 你有沒有曾經因為教會宣講或實踐廉價恩典而考慮不再追隨基督？如有的話，請寫下你的經驗。
- 你認識有人因為廉價恩典的緣故而放棄追隨基督嗎？有沒有人起來為她或他説話？

代禱指引

為教會及所有基督徒禱告，祈求他們不會降服於廉價恩典的引誘之下。

是日禱文

主耶穌基督，我總要跟隨你，不論代價為何；引導我走在真門徒的路上。

靈程心得

第19天　重價的恩典

重價的恩典是埋藏在地下的寶貝，人為這寶貝的緣故，就歡歡喜喜地變賣他一切所有的。它是重價的珍珠，使商人願意賣去他一切的貨物來購買。它是基督執掌王權的統治，使人為了這個緣故，情願挖出叫他跌倒的眼睛；它是耶穌基督的呼召，使得門徒為此甘棄漁網而跟從祂。

重價的恩典是必須再三尋找的福音，是必須祈求的禮物，是必須手叩的門。

這樣的恩典是貴重的，因為它呼召我們來跟從，並且它是恩典，因為它呼召我們來跟從**耶穌基督**。它是重價的，因為它使人付上生命為代價；它是恩典，因為它賜給人那惟一的真生命。它是重價的，因為它定罪，它是恩典，因為它使罪人稱義。尤其要緊的，它之所以貴重乃因它使上帝付去了祂兒子的生命為代價——「你們是重價買來的」，上帝付上了如此重大的犧牲；我們就不能看為是廉價的了。尤其要緊的，它是恩典，因為上帝為了我們的生命，並不以為付出祂的兒子為太貴的代價……

恩典是重價的，因為它強迫人俯伏在基督的軛下而跟從

祂；它是恩典，因為耶穌說：「我的軛是容易的，我的擔子是輕省的。」(太十一 30)

輔助經文

> 因為你們是重價買來的。所以，要在你們的身子上榮耀神。(林前六 20)

安靜默想

• • •

思考問題

- 如果重價恩典的意思是，神不但要賜給我們一些東西，也要從我們身上取去一些東西，那麼，這些東西會是甚麼？
- 跟隨耶穌基督(重價恩典)和只是相信一些有關耶穌基督的事(廉價恩典)，兩者之間有甚麼分別？
- 恩典是重價的，「因為它使人付上生命為代價」。這話是甚麼意思？

詩篇靈語

> 要以他的聖名誇耀！
>
> 　　尋求耶和華的人，心中應當歡喜！

要尋求耶和華與他的能力，
　　時常尋求他的面。（詩一〇五3～4）

筆下省思

- 你體會過重價恩典嗎？如體會過，它是甚麼樣子的？如你沒有體會過，那麼，在你的想像中，它可會是甚麼樣子的？
- 「撇下〔你的〕漁網來跟隨他」對你來說是甚麼意思？

代禱指引

為教會及所有基督徒禱告，祈求他們能宣揚並實踐重價恩典。

是日禱文

神啊，感謝你，因你把重價的恩典白白賜給我，使我成為耶穌的門徒。

靈程心得

第20天　惟有順從的人才能相信（一）

惟有順從的人才能相信。如果我們要信，我們必須要服從具體的命令。沒有這種順從的初步，我們的信只是自欺的敬虔，使我們得到廉價的恩典而已。所以一切事都在乎第一步。這一步有其本身獨特的性質。順從的第一步使彼得離開他的漁網，以後更從船上走了出來；它也使青年的官撇下他的財富。只有這種藉順從而產生的新生活，才使信成為可能。

輔助經文

> 耶穌順著加利利的海邊走，看見西門和西門的兄弟安得烈在海裏撒網；他們本是打魚的。耶穌對他們說：「來跟從我，我要叫你們得人如得魚一樣。」他們就立刻捨了網，跟從了他。（可一16～18）

安靜默想

• • •

思考問題

- 你怎樣理解順從與真信心之間的關係？
- 「順從的第一步」可如何改變你和耶穌之間的關係？
- 為甚麼第一步「有其本身獨特的性質」?

詩篇靈語

來啊，我們要屈身敬拜，
　　在造我們的耶和華面前跪下。
因為他是我們的神；
　　我們是他草場的羊，
　　是他手下的民。
惟願你們今天聽他的話。（詩九十五 6～7）

筆下省思

- 有沒有一個時刻，你踏出了「順從的第一步」? 如有的話，請記下來，並描述一下那個時刻。它怎樣改變了你的人生？
- 你現在需要踏出「順從的第一步」嗎？如需要的話，你認為它會以甚麼形式出現？你對此有甚麼想法？

代禱指引

祈求你和你的家人，以及你的屬靈友伴有勇氣去按著神對你們所作的任何呼召去順從祂。

是日禱文

恩慈的神，求賜我智慧，讓我看見你需要我做些甚麼，又賜我做這些事的勇氣。

靈程心得

第 21 天　惟有順從的人才能相信（二）

你是否因發覺太難相信而憂愁呢？如果一個人在生活的某些地方有意抗拒或悖逆耶穌的命令，他是無怪會感到相信之難的。在你的生活中，是否有些地方，比方犯罪的情慾、仇恨，或者是希望，你的雄心與理性，使你不肯順從祂的命令呢？若是如此，你就不需怪你沒有領受聖靈、你無法禱告、你所祈求的信心始終落空。倒不如去和你的兄弟和解，撤下那纏繞著你的罪罷——若是那樣，你的信心就會恢復過來了！如果你丟棄上帝的誡命，你就不會得著祂的恩言。設使在你生命中的某個地方，你要離開祂，你又怎能希望與祂交通呢？悖逆的人不能相信，惟有順從的人才能相信。

輔助經文

我的弟兄們，若有人說自己有信心，卻沒有行為，有甚麼益處呢？這信心能救他嗎？若是弟兄或是姊妹，赤身露體，又缺了日用的飲食；你們中間有人對他們說：「平平安安地去吧！願你們穿得暖，吃得飽」；卻不給他們身體所

需用的，這有甚麼益處呢？這樣，信心若沒有行為就是死的。（雅二 14～17）

安靜默想

• • •

思考問題

- 耶穌給我們的命令是，我們要愛創造我們的神，並愛鄰舍如同自己。順從這命令如何能培育並滋養真正的信心？
- 為甚麼丟棄「上帝的誡命」會令我們無法得著「祂的恩言」?
- 有甚麼關於丟棄上帝的誡命的因素，會帶我們離開所屬的羣體？

詩篇靈語

他們又藐視那美地，
　　不信他的話，
在自己帳棚內發怨言，
　　不聽耶和華的聲音。（詩一〇六 24～25）

筆下省思

- 在你的日記中寫下你的一次親身體驗：你如何因為順從耶

穌的命令，培育並滋養了你的信心。

- 寫下你對基督徒羣體的體驗，對好和不好的經驗作出反思。兩者有何分別？

代禱指引

為你的家人和屬靈友伴（以及所有基督徒）禱告，祈求他們會不斷地經驗一個建基於愛的羣體。

是日禱文

主，幫助我看見，我在哪些地方拒絕了你對我的旨意的某些方面。幫助我順從而相信，相信而順從。

靈程心得

第22天　基督徒團契

上帝如何恩賜有形的團契生活，情況各有不同。對一個分散在外的信徒來說，弟兄的簡短探問、一起禱告或弟兄間的祝福，便是莫大的安慰；是的，就是一位弟兄的一封信也會增強他的力量。保羅在書信中，親手寫下的問安，顯然是這類團契的標誌。對於其他人來說，他們所享有的是主日崇拜的團契。還有一些人是在家庭裏過信徒的團契生活。

輔助經文

> 論到弟兄們相愛，不用人寫信給你們；因為你們自己蒙了神的教訓，叫你們彼此相愛。你們向馬其頓全地的眾弟兄固然是這樣行……（帖前四9～10）

安靜默想

• • •

思考問題

- 為甚麼基督徒團契對信仰生活是那麼的重要？
- 有甚麼因素會弱化團契？
- 有甚麼因素會強化團契？

詩篇靈語

你們當樂意事奉耶和華，
　　當來向他歌唱！
你們當曉得耶和華是神！
我們是他造的，也是屬他的；
　　我們是他的民，也是他草場的羊。（詩一〇〇 2～3）

筆下省思

- 作為恩賜的基督徒團契如何成為你的祝福？請寫下你的經驗。
- 你是哪幾種基督徒團契的成員？
- 你有沒有一位屬靈友伴，是你可以與之談及信仰、吐露心事、鼓勵你、指導你，並且在有需要的時候矯正你的（而對於他/她來說，你也是這樣的一位屬靈友伴）？如有的話，試反思你們的關係，以及這關係對你的意義。如沒有的話，你可以建立這樣的友誼嗎？

代禱指引

為一切在你的信仰生活中支持你的基督徒團契和朋友（提名）感恩。

是日禱文

主，使我成為我的基督徒團契的一股力量，並使我在屬靈的友誼上表現忠誠。

靈程心得

第23天　信心的連結

也許，任何信徒在一生當中，都會嘗到上帝賜下信徒團契那種真正蒙福的**經驗**。然而在這個世界上，這類經驗無非是信徒團契生活日常糧食之外的額外恩典罷了。我們沒有要求這類經驗的權利，而我們和其他信徒生活在一起，也不是為了這類經驗的緣故。把我們團結在一起的，不是信徒弟兄生活的經驗，乃是對弟兄關係那種牢固的、確實的信心。上帝已經在我們身上工作，並且願意作在每個人身上這種事實，我們憑信心領受，作為是上帝賜給我們最大的禮物，這令我們心裏快樂和感到幸福，但也叫我們準備好，即或有時候上帝不將這類經驗賜與我們，我們仍然處之泰然。我們是由信心，而不是由經驗連結起來的。

輔助經文

> 總而言之，你們都要同心，彼此體恤，相愛如弟兄，存慈憐謙卑的心。不以惡報惡，以辱罵還辱罵，倒要祝福；因你們是為此蒙召，好叫你們承受福氣。（彼前三8～9）

安靜默想

・・・

思考問題

- 為甚麼「信徒團契那種真正蒙福的**經驗**」是那麼的罕見？
- 把基督徒團結在一起的（即使是在彼此之間有衝突和張力的情況下）那種「牢固的、確實的信心」是指甚麼？
- 說「我們是由信心，而不是由經驗連結起來的」，意味著甚麼？

詩篇靈語

看哪，弟兄和睦同居
　　是何等地善，何等地美！
這好比那貴重的油澆在亞倫的頭上，
　　流到鬍鬚，
　　又流到他的衣襟。（詩一三三 1～2）

筆下省思

- 請寫下你人生中的一次來自信徒團契那種真正「蒙福」的經驗。
- 記下你曾有過的這麼一個時刻：那時你的團契**經驗**不是那

麼美善，但信心使你繼續留在該團契之內。

代禱指引

想想你的信仰羣體。如果這團契之內有衝突或張力，祈求它在尋求解決衝突之時，會因著相信基督所賜的合一而得以支持下去。如果你所屬的信仰羣體的成員現在和睦共處，就為你所經驗到的合一感謝神。

是日禱文

主，我需要基督徒團契。我需要別人怎樣為我伴隨在側，就幫助我也怎樣為別人伴隨在側。

靈程心得

第24天　在耶穌裏的團契

凡是被帶進基督徒團契之內的、被人加以理想化的形象，都有礙我們認識真正的基督徒團契；必須將之打破，然後真正的團契才能生存。凡是愛他們所夢想的基督徒團契過於實際的基督徒團契本身的人，不論他們個人的用意是如何的誠實、誠懇和具犧牲精神，他們早晚都會變成基督徒團契的破壞者……

凡是夢想追求理想化的團契的人，會要求神、別人和自己去實現這個夢想。他們帶著他們的要求進入這基督徒團契；他們訂立自己的法則，並按此互相論斷，甚至論斷神……

在我們與其他基督徒進入共同的生活之前，神早已立下我們這羣體的惟一根基，又把我們與其他基督徒聯合起來，成為在耶穌基督裏的一個身體。故此當我們與其他基督徒一同進入那生活的時候，我們不是以一個有所要求的人的身分進入那生活，而是以一個存感恩領受的人的身分進入那生活。我們為神為我們所做的事感恩。我們也感謝神賜給我們其他按著神的呼召、赦免和應許去生活的基督徒。我們不為神沒給我們的東西埋怨，反倒為神每天給我們的東西感恩。

輔助經文

我為主被囚的勸你們：既然蒙召，行事為人就當與蒙召的恩相稱。凡事謙虛、溫柔、忍耐，用愛心互相寬容，用和平彼此聯絡，竭力保守聖靈所賜合而為一的心。身體只有一個，聖靈只有一個，正如你們蒙召同有一個指望。一主，一信，一洗，一神，就是眾人的父，超乎眾人之上，貫乎眾人之中，也住在眾人之內。（弗四 1～6）

安靜默想

• • •

思考問題

- 愛那「所夢想的基督徒團契過於實際的團契本身」是甚麼意思？
- 如果我們進入團契之時，「不是以一個有所要求的人的身分，而是以一個存感恩領受的人的身分進入」，那麼我們對團契應持有甚麼的態度和行動？
- 「為神沒給我們的東西埋怨」或「為神給我們的東西感恩」，哪一樣較容易？為甚麼？

詩篇靈語

耶和華是我的力量，是我的盾牌；
　　我心裏倚靠他就得幫助。
　　所以我心中歡樂，
　　我必用詩歌頌讚他。
耶和華是他百姓的力量，
　　又是他受膏者得救的保障。
求你拯救你的百姓，賜福給你的產業，
　　牧養他們，扶持他們，直到永遠。（詩二十八 7～9）

筆下省思

- 就你對潘霍華的基督徒團契的概念作出回應。
- 你讀過了潘霍華對基督徒團契的看法以後，有沒有改變了你對所屬的信仰羣體的觀感？如何改變了？又或，為甚麼沒有改變？
- 潘霍華對基督徒團契的看法，有沒有使你想到，自己在與所屬的信仰羣體的聯繫上，要有一些實際的改變？如有的話，這些改變是甚麼？

代禱指引

想想你所屬的信仰羣體和你的屬靈友伴（提名），為著你從他們得到支持去過你的信仰生活來感謝神。

是日禱文

主耶穌，我的屬靈羣體對我來說是如何的重要，我也要使自己對我的屬靈羣體來說是如何的重要。

靈程心得

第25天　傳講神的話

信徒不再在自己裏面尋找救恩、釋放、稱義，這一切惟獨在耶穌基督裏找到。他知道，即使自己不感覺有罪，可是上帝在耶穌基督裏所說的話已經宣判他有罪了；同時，即便他不覺得自己為義，可是上帝在耶穌基督裏所說的話也已經稱他為義，使他得以自由……

　　由於他每日飢渴慕義，所以就不斷請求上帝的話解救他；而這些只能從外面進來。至於在他自己裏面，卻是一片的貧瘠和缺乏生氣，所以幫助必須從外面而來；而這幫助實在來了，因為在耶穌基督的話裏，我們可以每日重新找到救贖、稱義、無罪和福氣。然而上帝卻將這話放入人口中，叫我們向別人繼續傳揚。換言之，誰聽了，就要說給別人聽。上帝的旨意是，我們要在弟兄們的見證中，或在信徒的口中，去尋找祂的永生之道。因此，信徒需要別的信徒向他講述上帝的話。當我們感到氣餒、猶疑不決，我們更是需要別的信徒。

輔助經文

從前引導你們、傳神之道給你們的人，你們要想念他們，效法他們的信心，留心看他們為人的結局。（來十三7）

安靜默想

• • •

思考問題

- 門徒**每日**飢渴慕義，他們可循甚麼途徑來滿足他們的飢渴？
- 如果說，基督徒不是在自己裏面，而是在耶穌基督裏找到救恩、釋放和稱義，那麼他們應該如何利用由此而獲得的自由？
- 如果說，神把祂的話放入「人口」中，那麼誰有責任講述神的話？只是牧師或教會的同工嗎？為甚麼？

詩篇靈語

我要默念你威嚴的尊榮
　　和你奇妙的作為。
人要傳說你可畏之事的能力；
　　我也要傳揚你的大德。

他們記念你的大恩就要傳出來，
　　並要歌唱你的公義。（詩一四五 5～7）

筆下省思

- 曾否有些基督徒在你需要的時候，向你講述神的話？請寫下你的經驗。
- 你有向人講述神的話的經驗嗎？請寫下來。

代禱指引

想想一個你希望與之成為屬靈友伴的人，求神幫助你和他/她建立一種互相支持的屬靈關係。

是日禱文

聖靈啊，把我需要的人差來，好把神的話帶給我；又把有需要的人差來，好讓我向他們講述神的話。

靈程心得

第26天　獨處與團契生活

凡不能獨處的，就當小心團契生活。這樣的人只會傷害自己和團契。要記得，上帝呼召你的時候，你是單獨站在祂的面前。你必須單獨跟從祂的呼召，單獨背起你的十字架，單獨爭戰和禱告；你也要單獨死去，單獨向上帝交賬。你不能躲避自己，因為上帝親自揀選了你。如果你不願意單獨負責，你就是拒絕基督的呼召，因此與蒙召者的團契無分……

然而這句話的反面也是真的：**凡不能在團契中生活的，就當小心獨處。**你蒙召是在信眾當中，然而這個呼召卻不是單獨對你。你乃是在蒙召者的信眾中背起十字架、爭戰和禱告。你不是單獨的。即使是在死亡和末日，你也不過是耶穌基督那個大教會的一個肢體罷了……

凡不能獨處的，就當小心團契生活。凡不能在團契中生活的，就當小心獨處。

輔助經文

正如我們一個身子上有好些肢體，肢體也不都是一樣的用

處。我們這許多人，在基督裏成為一身，互相聯絡作肢體，也是如此。（羅十二 4～5）

安靜默想

• • •

思考問題

- 為甚麼我們社會上有那麼多人看似害怕獨處？
- 為甚麼有那麼多教會看似只是個人的聚集體，而不是真正的信仰**羣體**？
- 門徒可如何在獨處與團契生活之間建立一種健康的平衡？

詩篇靈語

你們要讚美耶和華！
我要在正直人的大會中，並公會中，
　　一心稱謝耶和華。
耶和華的作為本為大；
　　凡喜愛的都必考察。（詩一一一 1～2）

筆下省思

- 記下一些你曾經刻意安排的獨處時刻。那使你感覺如何？

你做了些甚麼？你的獨處經驗對你再次與人相處時的感覺有沒有甚麼影響？

- 記下你團契生活的經驗。你感覺自己是你所屬的團契的一個不可或缺的部分嗎？你認為你在團契生活與獨處之間有一種適當的平衡嗎？

代禱指引

如果你認識一些看來孤單的人，為他們祈求，好叫他們發現真正的團契生活。如果你認識一些看似害怕獨處的人，為他們祈求，好叫他們發現獨處的喜樂——與神獨處的喜樂。

是日禱文

主啊，當我太多獨處的時候，幫助我尋找團契生活。當我太倚賴團契的時候，幫助我安排時間獨處。

靈程心得

第27天 學習聆聽

（潘霍華說的團契，意思是指任何一羣聚在一起的基督徒，包括家庭在內。）

在團契生活中，我們欠下別人的**第一種**服事，是學習聆聽別人。正如我們愛上帝是從聽道開始一樣，我們開始愛弟兄，也是首先要學習聽他說話……我們學習聽弟兄的話，正是對弟兄作成上帝的工。有些信徒，特別是傳道人，一旦和別人共處，往往覺得自己非要「貢獻」些甚麼不可，並認為那是自己對別人惟一能作的服事。然而他們忘記了，其實聆聽比講話更能服事別人。許多人尋找願意聆聽的耳朵，可是卻在信徒當中找不到，因為不少信徒在該聆聽之時也誇誇其談。然而誰不願意聽弟兄的話，很快也就不再會聽上帝的聲音，因為就是在上帝面前他也要喋喋不休。

輔助經文

> 你們要細聽我的言語，使我所辯論的入你們的耳中。（伯十三 17）

安靜默想

• • •

思考問題

- 「我們開始愛弟兄，也是首先要學習聽他說話」，你對潘霍華這話有甚麼想法？
- 聆聽弟兄姊妹的話，怎樣會是對他們作成「上帝的工」?
- 為甚麼那麼多人覺得聆聽是件難事？

詩篇靈語

無奈，我的民不聽我的聲音；
　　以色列全不理我。
我便任憑他們心裏剛硬，
　　隨自己的計謀而行。
甚願我的民肯聽從我，
　　以色列肯行我的道。（詩八十一 11～13）

筆下省思

- 記下你曾經因另一位基督徒聆聽你而獲益的時刻。
- 記下你作為聆聽者的體驗。你是個好的聆聽者嗎？當你在聆聽的時候，你感到自己是在作成上帝的工嗎？

代禱指引

想想在你的信仰羣體中一些總沒有被聆聽的人。祈求他們有勇氣把心底裏和腦海中的東西説出來，也祈求你會有慈心和興趣去聆聽他們。

是日禱文

主耶穌，願我樂意聆聽你並從你身上學習；又願我有聆聽別人並從別人身上學習的雅量。

靈程心得

第28天　積極幫助別人

在信徒團契中，彼此當做的**第二種**服事，是積極地去幫助別人。首先，這是指在一些輕而易舉的事上的少許幫忙。在每一個團契的生活中，像這樣的事是不勝枚舉的。千萬不要以為自己高人一等，而不屑去做那些最卑微的工作。若認為去做這些輕而易舉的瑣事便是浪費時間，那不過是將自己的工作看得太重要罷了。然而我們必須隨時準備好，接受上帝的差遣〔打擾〕而暫停我們的工作。因為祂會經常地，阻擋我們的去路，要我們擱置自己的計劃。比方說，祂差人到我們這裏來，懇求我們做這、做那。

輔助經文

你們中間誰為大，誰就要作你們的用人。（太二十三 11）

安靜默想

• • •

思考問題

- 在信仰羣體中，「積極地去幫助別人」會以甚麼形式出現？
- 「千萬不要以為自己高人一等，而不屑去做那些最卑微的工作。」這話正確嗎？為甚麼？
- 將自己的工作看得太重要，如何會慫恿人低估了別人實在的需要？

詩篇靈語

因為，窮乏人呼求的時候，他〔王〕要搭救；
　　沒有人幫助的困苦人，他也要搭救。
他要憐恤貧寒和窮乏的人，
　　拯救窮苦人的性命。
他要救贖他們脫離欺壓和強暴；
　　他們的血在他眼中看為寶貴。（詩七十二 12～14）

筆下省思

- 反思某些你「被神打擾」的例子：某個需要幫助的人阻擋了你的去路。當時你做了甚麼？你感覺如何？
- 你願意「被神打擾」到哪個程度？請寫下來。
- 在你的信仰羣體中，甚麼是「最卑微的工作」?

代禱指引

祈求神能夠在你的信仰羣體中，為有任何種類的需要的人，隨時自由地打擾任何一個人。

是日禱文

主，當我今天忙於自己的事情時，請你儘管打擾我，不要遲疑，並賜我恩惠，去覺察到你的打擾。

靈程心得

第29天　擔當別人的重擔

我們所說的**第三種**服事，是擔當別人的重擔。「你們各人的重擔要互相擔當，如此，就完全了基督的律法。」(加六 2) 所以基督的律法是擔當的律法。擔當表示包容和忍受。信徒覺得弟兄是重擔，正是因為他是信徒的緣故；對於**不信的人**來說，別人完全不會成為重擔，因為他每一次都會躲避加在他身上的重擔。然而信徒卻必須擔負弟兄的重擔。他必須包容和忍受弟兄。只有別人成為自己的重擔時，才表明自己是他的弟兄，而他不是受自己控制的東西。

輔助經文

> 我們行善，不可喪志；若不灰心，到了時候就要收成。所以，有了機會就當向眾人行善，向信徒一家的人更當這樣。(加六 9～10)

安靜默想

• • •

思考問題

- 「擔當別人的重擔」如何可以有正面而不是負面的含義？
- 「別人對基督徒來說是一個重擔」，你怎麼看潘霍華這話？這是看待別人的一個好方式嗎？
- 論到那在教會四周較大的社羣，教會如何擔當它的重擔？

詩篇靈語

> 你要把你的重擔卸給耶和華，
> 　　他必撫養你；
> 　　他永不叫義人動搖。（詩五十五 22）

筆下省思

- 想想你人生中的人物。你是誰的重擔？那感覺如何？
- 你人生中的人物怎樣幫助擔當你的重擔？
- 你現在正在幫助擔當誰的重擔？那感覺如何？

代禱指引

在你親友以及你認識的人之內，有誰正被重擔壓著？為他們的需要禱告，並求神指示你如何幫助他們擔當這些重擔。

是日禱文

慈愛的神，感謝你擔當我的重擔；求你使我也願意擔當別人的重擔。

靈程心得

第30天　學習代禱（一）

代禱帶領我們來到信徒共同生活的脈搏所在。信徒的團契之得以存活，有賴於彼此的代禱，不然就會崩潰。我若為一個弟兄禱告，即使他給我多大的麻煩，我也再不能責備他，痛恨他了。他的容貌雖然一度使我感到陌生和不可忍受，但在我為他禱告的時候卻變為弟兄的臉孔。使我醒悟基督也是為他而死的，所以他同樣是一個蒙恩的罪人。這是信徒開始為人代禱的可喜發現。就我們自己來說，在代禱中沒有甚麼反感、個人的緊張關係或爭吵是不可以克服的。代禱像作健康浴一樣，無論是個人或團契每天都必須在那裏洗擦乾淨。

輔助經文

靠著聖靈，隨時多方禱告祈求；並要在此警醒不倦，為眾聖徒祈求。（弗六18）

安靜默想

• • •

思考問題

- 在教會裏較常見的是哪一樣：為「那些有需要的人」所獻上的一般性禱告，抑或為個別的人所獻上的特定禱告？為甚麼？
- 個別的基督徒和信仰羣體為他們所不喜歡的人，或那些與他們有衝突的人的福祉禱告，這個做法有多普遍？
- 代禱是如何地保護著一個信仰羣體？

詩篇靈語

你們要為耶路撒冷求平安！
　　耶路撒冷啊，愛你的人必然興旺！
　　願你城中平安！
　　　　願你宮內興旺！
　　因我弟兄和同伴的緣故，我要說：
　　　　願平安在你中間！
　　因耶和華——我們神殿的緣故，
　　　　我要為你求福！（詩一二二 6～9）

筆下省思

- 反思你的禱告生活。你曾否為某個跟你有衝突的人的福祉禱告？

- 如你曾經這樣做，你禱告的結果如何？有甚麼事情發生？它有沒有改變了你對那人的想法？
- 如你不曾這樣做，在你的日記中，反思你有沒有準備好去為那些曾經傷害你，或因著某些原因你不喜歡的人的福祉禱告。

代禱指引

祈求你的信仰羣體會藉著代禱，成為一個衝突得到解決、難堪的感覺得到紓緩的地方。

是日禱文

寬恕的神，但願我把那些跟我有衝突的人看作是你所親愛的人，又願我藉著為他們的代求，有分於你對他們的愛。

靈程心得

第 31 天　學習代禱（二）

代禱的意思正是把弟兄帶到上帝的面前，看出他在耶穌的十字架底下是個可憐的、需要恩典的罪人。既是這樣，無論他多麼令我反感，都可以不再計較，因為我看見他正陷於窮困和匱乏之中，而且他的需要是那麼的大，他的罪又是那麼的沉重，叫我不能不感同身受，以致只能祈求說：主啊，你親自處理吧！按著你的恩威，單獨和他見面吧。

輔助經文

> 所以你們要彼此認罪，互相代求，使你們可以得醫治。義人祈禱所發的力量是大有功效的。（雅五 16）

安靜默想

• • •

思考問題

- 在耶穌的十字架底下看人，如何能使他們「令我反感」的一切都可以不再計較？
- 在十字架底下人人平等，這是就甚麼來說？
- 透過神憐憫的濾鏡來看別人，如何能改變我們對別人和對自己的感覺？

詩篇靈語

他要按公義審判你的民，
　　按公平審判你的困苦人。
大山小山都要因公義使民得享平安。
他必為民中的困苦人伸冤，
　　拯救窮乏之輩，
　　壓碎那欺壓人的。（詩七十二 2～4）

筆下省思

- 今天你想要把誰帶到上帝的面前？請列出他們的名字。
- 用一兩句話來描述你和這其中的每個人的關係。

代禱指引

為你在日記中所列出的人逐一禱告：主，求你自己，求你單獨按你的堅毅和良善對待（名字）。

是日禱文

寬恕和使人更新變化的神，我感謝你，因在基督的十字架底下，在你的愛和憐憫底下，我們所有人平等地連成一體。

靈程心得

第32天　學習代禱（三）

代禱也是我們對上帝和弟兄所欠下的服事，是我們每天都必須履行的。凡拒絕為鄰舍代禱的，就是拒絕向鄰舍施以基督徒的服事。再者，代禱不是泛泛的、含糊的，乃是十分具體的事情。它關係到某一些人，某一些困難，因此而作出某一些祈求。代禱事項愈清楚，就愈蒙垂聽……

代禱其實是上帝賜給每個信徒團契和每一個信徒的恩典。因為代禱是上帝賜給人極大的禮物，我們應該欣然領受。代禱的時刻，是我們每天在上帝裏面、在眾弟兄姊妹當中找到新的快樂的泉源。

輔助經文

至於我，斷不停止為你們禱告，以致得罪耶和華。（撒上十二23）

安靜默想

• • •

思考問題

- 代禱即是「基督徒對上帝和弟兄所欠下的服事，是每天必須履行的」，又是「上帝賜給每個信徒團契和每一個信徒的恩典」，這種說法有沒有矛盾？為甚麼？
- 在許多基督徒身上以及在許多基督徒團契中，明顯缺少了喜樂，這會不會是缺少特定而具體的代禱的迹象？請解釋。

詩篇靈語

凡投靠你的，願他們喜樂，
　　時常歡呼，
因為你護庇他們；
　　又願那愛你名的人都靠你歡欣。（詩五 11）

筆下省思

- 當你為你信仰羣體的其他成員禱告時，你感覺如何？請寫下你的感受。
- 代禱對你來說，是不是「每天在上帝裏面、在眾弟兄姊妹當中找到新的快樂的泉源」？為甚麼？

代禱指引

祈求你的信仰羣體，以至所有的信仰羣體都能經驗到那種在神裏面，以及在彼此裏面因每天的代禱服事而有的喜樂。

是日禱文

聖潔的神，今天以及每一天，你讓我把人帶到你的面前，為這喜樂我感謝你。

靈程心得

第33天　我們是一個身體上的肢體

個別的人必須知道，他在獨處時所作的，也會影響團契。相反地，思想、言語或行動上的罪，儘管是非常個人的，或隱蔽的，但都會對整個團契生活帶來損害。一個病菌進人軀體之後，儘管人們不知道它從何而來，藏在身體的哪一部分，可是這個軀體已是帶菌了。這是信徒團契生活的寫照。我們**是**一個身體上的肢體，而且不僅在我們願意時才是，這乃是我們整個生活的本質。因此每個肢體都可以協助整個身體健康成長，或者使其沉淪敗壞。這不僅是理論，更是屬靈生活的實際情況，是我們在信徒團契中所經驗的，而且不管是帶來破壞還是喜悅，往往都清楚得令我們震驚。

輔助經文

> 正如我們一個身子上有好些肢體，肢體也不都是一樣的用處。我們這許多人，在基督裏成為一身，互相聯絡作肢體，也是如此。（羅十二4～5）

安靜默想

• • •

思考問題

- 你認為潘霍華所説的「在獨處時所作的」是指甚麼？
- 個人的罪怎麼能「對整個團契生活帶來損害」？
- 潘霍華斷言：「我們**是**一個身體上的肢體，而且不僅在我們願意時才是，這乃是我們整個生活的本質。」這其中有甚麼含義？

詩篇靈語

神啊，求你鑒察我，知道我的心思，
　　試煉我，知道我的意念，
看在我裏面有甚麼惡行沒有，
　　引導我走永生的道路。（詩一三九 23～24）

筆下省思

- 反思你在你的信仰羣體裏的經驗。你覺得它像一個有生命的身體，而你是其中的一分子嗎？請解釋。
- 你如何能更好地服事「整個身體」？

代禱指引

如果你參與崇拜的那個「基督的身體」在表現上有甚麼「疾病」，祈求神的醫治和更新的力量臨到它。

是日禱文

聖潔的神，感謝你使我成為基督身體上的一個肢體。求你幫助我保持健康，好叫我不會對整個身體帶來損害。

靈程心得

第34天　禁止論斷別人

我們克服邪惡思想最有效的方法，往往是在原則上不讓它宣之於口。不錯，自義的心只有恩典的聖靈才能克服；然而我們若絕不讓某些論斷別人的思想有宣之於口的權利，則它們自然會受到限制，甚至是窒息。當然如果是認罪，那又不一樣……據此，在信徒的團契生活中，禁止每一個人背後論斷弟兄，將是一條具決定性作用的規則。這自然不是指個人的忠告和指導，這我們稍後會再解釋的。至於背後論斷別人，則即使穿上幫助和好意的外衣，也是不允許的；因為恨弟兄的心正是要在這種外衣遮蓋下偷偷潛入，挑撥是非。

輔助經文

> 污穢的言語一句不可出口，只要隨事說造就人的好話，叫聽見的人得益處。（弗四29）

安靜默想

• • •

思考問題

- 當別人不在場的時候與人談論你相處不來的一些人，這叫作「在背後說三道四」。這樣做會如何對信仰羣體帶來損害？
- 信仰羣體如何能執行這個「禁止每一個人背後論斷弟兄」的規則？
- 這會否是一條可將之普及化並應用在職場、學校、家庭或朋友中間的好規矩？為甚麼？

詩篇靈語

耶和華啊，求你禁止我的口，
　　把守我的嘴！
求你不叫我的心偏向邪惡，
　　以致我和作孽的人同行惡事……（詩一四一 3～4）

筆下省思

- 你有否經驗過被人在背後說三道四——即當你不在場的時候，有人談論你一些負面的事？如有的話，寫下你的經驗。你當時感覺如何？
- 你有否參與過在背後對別人說三道四？如有的話，寫下你的經驗。你當時感覺如何？

代禱指引

如你覺察到在你的信仰羣體或職場中、在家庭或朋友間有在背後對別人說三道四的情況，祈求所涉及的人會領受恩慈與勇氣，來正面和直接地化解彼此間的衝突。

是日禱文

仁愛之靈，願我口所說的話是建立人的話。

靈程心得

第35天　走向復和

因此，跟從耶穌和敬拜上帝只有一個方法，那就是與弟兄和好。如果我們來聽上帝的道和領受聖餐，而不首先與鄰舍和好，我們只是來咒詛自己而已。因為在上帝的面前我們是殺人犯。所以經上說：「先去和弟兄和好，然後來獻禮物。」這是困難的，然而我們若要跟從耶穌，這就是祂要求我們所走的路。這條路要使個人受到極大的羞辱，然而這實在是到祂——我們那位被釘的弟兄　　那裏的路，因此是充滿著恩典的道路。在耶穌裏，服事上帝與服事弟兄中最小的一個是相同的，他走祂的路，所以與弟兄和好，將自己當作惟一真正的禮物獻給父上帝。

輔助經文

> 所以，你在祭壇上獻禮物的時候，若想起弟兄向你懷怨，就把禮物留在壇前，先去同弟兄和好，然後來獻禮物。（太五 23～24）

安靜默想

• • •

思考問題

- 潘霍華說：「這是困難的，然而我們若要跟從耶穌，這就是祂要求我們所走的路。」請問這難在哪裏？
- 他又說：「那是一條充滿著恩典的道路。」請問恩典從何而來？
- 耶穌怎樣示範了「服事上帝與服事弟兄中最小的一個是相同的」這項真理？

詩篇靈語

求你保護我的性命，搭救我，
　　使我不致羞愧，因為我投靠你。
願純全、正直保守我，
　　因為我等候你。（詩二十五 20～21）

筆下省思

- 有沒有甚麼人是你需要與之復和的？導致你與這個人疏離的情況是怎樣的？請寫下來。
- 如果你要開始復和的過程，你會採取甚麼步驟？

代禱指引

為你在日記中所寫的人禱告，祈求他們也存開放的心，並渴望與你復和。如果你沒有需要尋求復和的對象，就為你所認識的一些彼此疏遠的人禱告，祈求他們會找到復和的方法。

是日禱文

恩慈的神，謝謝你使我與你復和，現在求你使我也成為一個復和者。

靈程心得

第36天　愛的勸勉

批評是無可避免的，因為若有弟兄犯了明顯的罪，上帝的道會這樣吩咐我們。不過在會眾中，紀律的執行要從最小的圈子開始。如果在教義上或生活上偏離了上帝的道，危害到家庭聚會，並因此而涉及整個教會，那就必須要敢於說出勸勉和責備的話了。世上殘忍的事無過於眼看別人陷於罪中而優柔寡斷，不加以援手。世上的同情無過於嚴厲的指正，將弟兄從罪惡的路上挽回過來。我們如果惟獨讓上帝的道站在我們中間，審判我們，幫助我們，那是慈悲，是真正團契的終極貢獻。如果這樣，審判的惟獨是上帝，不是我們，而上帝的審判是有益的，能夠治療的。

輔助經文

弟兄們，若有人偶然被過犯所勝，你們屬靈的人就當用溫柔的心把他挽回過來。（加六 1）

安靜默想

・・・

思考問題

- 今天的教會和基督徒有沒有嚴肅看待罪？怎樣嚴肅看待罪？又或，怎樣不嚴肅看待罪？
- 為甚麼不去勸勉明顯犯罪的人是件「殘忍」的事？勸勉人有甚麼危險？
- 教會和個別的基督徒如何能在勸勉主內的弟兄或姊妹時免犯偽善或論斷的毛病？

詩篇靈語

拯救我們的神啊，求你使我們回轉，
叫你的惱恨向我們止息。（詩八十五 4）

筆下省思

- 你有沒有遭基督徒勸勉的經驗？如有的話，請寫下你的經驗。那是怎樣發生的？你當時感覺如何？結果如何？
- 你有沒有勸勉別人的經驗？如有的話，請寫下你的經驗。你當時感覺如何？結果如何？
- 如上述兩個問題，你的答案都是沒有的話，花點時間去反思這一點並記下來：要嚴肅地看待罪到一個地步，敢於勸勉別人並接受別人的勸勉。

代禱指引

祈求在你的信仰羣體中，每個人都存開放的心，在必要時「**用溫柔的心**」彼此矯正。

是日禱文

主，開我的耳朵，使我能夠從你的話語聽見我需要聽見的勸勉之言，好叫我能夠在愛與忠誠中長進。

靈程心得

第37天　活在仇敵當中

（潘霍華對活在仇敵中間的生命這一觀念，是在一九三〇年代的納粹德國時期形成的，當時的形勢對基督徒愈來愈不友善。）

信徒之得以和其他信徒一起過活，並不是甚麼理所當然的事。試想想，耶穌基督生活在仇敵中間，最後，祂所有的門徒都離開了祂。在十字架上，祂完全被孤立，周遭全是作惡者和嘲弄祂的人。然而祂來到世上，正是為了這些緣故，要將平安帶給敵擋上帝的人。既然如此，信徒不應屬於修道院，過著與世隔絕的生活，乃要活在仇敵當中。他的使命在那裏，他的工作也是在那裏。

輔助經文

我差你們去，如同羊進入狼羣；所以你們要靈巧像蛇，馴良像鴿子。（太十 16）

安靜默想

* * *

思考問題

- 基督徒應該「活在仇敵當中」。你認為這「仇敵」是指哪些人？
- 基督徒對這些「仇敵」的「使命」或「工作」是甚麼？
- 耶穌説：「**你們的仇敵，要愛他！恨你們的，要待他好！咒詛你們的，要為他祝福！凌辱你們的，要為他禱告！**」（路六 27～28）這話與今天你所讀的潘霍華的文字是否有異曲同工之妙？如何有，或如何沒有？

詩篇靈語

在我敵人面前，
　　你為我擺設筵席；
　　你用油膏了我的頭，
　　使我的福杯滿溢。
我一生一世
　　必有恩惠慈愛隨著我；
　　我且要住在耶和華的殿中，
　　直到永遠。（詩二十三 5～6）

筆下省思

- 作為基督徒，你覺得自己正「活在仇敵當中」嗎？怎樣子活在仇敵當中，或怎樣子不是活在仇敵當中？如果是的話，你的仇敵是誰？你對他們的感覺如何？
- 按你的理解，你在這些仇敵當中的個人使命或工作是甚麼？

代禱指引

為一切你眼中的「仇敵」禱告，祈求神祝福他們，讓他們的人生對自己和對別人都有益處。

是日禱文

主耶穌，請給我信心、勇氣和愛，好叫我忠心地活在仇敵當中，正如你曾經這樣活過。

靈程心得

第38天　愛你的仇敵

我們必須不僅在思想言語中，更要在行動上愛人，而且在日常的生活中隨處都有服事人的機會。「你的仇敵若餓了，就給他吃，若渴了，就給他喝。」(羅十二20)有如兄弟之間在患難中相扶，互相照顧傷病，互相分擔苦痛，讓我們也這樣對仇敵表示我們的愛吧。在這個世界上，沒有誰的患難與苦痛比我們的仇敵更深且劇了。沒有甚麼比服事仇敵更迫切，而且更蒙祝福了。

輔助經文

> 你們的仇敵，要愛他！恨你們的，要待他好！咒詛你們的，要為他祝福！凌辱你們的，要為他禱告！（路六27～28）

安靜默想

• • •

思考問題

- 「善待仇敵」看來是違反直覺嗎？為甚麼？
- 為甚麼仇敵的需要對我們事關重要？
- 如果我們依從潘霍華的勸告，待仇敵如同弟兄姊妹，那麼「仇敵」一詞將會發生甚麼變化？

詩篇靈語

你的命令常存在我心裏，
　　使我比仇敵有智慧。（詩一一九 98）

筆下省思

- 耶穌的命令：「**愛你的仇敵，善待恨你的人，祝福咒詛你的人，為凌辱你的人禱告**」有沒有給你力量和視野去活在仇敵當中？為甚麼？
- 耶穌的教導似乎是要求我們對待仇敵的時候採取非暴力的方式。你對此有何看法？請寫下你的反思。

代禱指引

祈求你的「仇敵」從神的手中領受一切的好處，以致他們願意成為傳遞神的愛和公義的器皿。

是日禱文

以永遠的愛愛我們的聖潔之神，求你使我對仇敵的愛不單只是在思想或言語上，更是在具體和明確的行動上。

靈程心得

第39天　十架的愛

藉著禱告，我們走到仇敵的身旁，為他而向上帝祈求。耶穌沒有應許我們，當我們去愛、祝福與善待仇敵的時候，他們就不會凌辱和逼害我們。他們必定會的。但只要我們為他們禱告，則甚至是凌辱也不能損害或折服我們。因為如果我們為他們禱告，我們就將他們的患難與貧乏，他們的過犯與滅亡都放在自己的身上，進而為他們向上帝祈求了。我們代替他們作了他們自己所不能做的事。這樣，他們對我們所發的每一種凌辱，都只是將我們與上帝和他們之間的關係拉得更密切而已。他們對我們的迫害，也都只是促進他們與上帝和好，因而促進愛的勝利而已。

　　可是，愛如何能得勝呢？我們不用研究仇敵怎樣對待愛，而只是要看耶穌如何處理愛。我們愛仇敵就使我們走上十架的道路，並進入與那位被釘者的團契中。

輔助經文

　　要愛你們的仇敵，為那逼迫你們的禱告。（太五44）

安靜默想

• • •

思考問題

- 為甚麼我們應該在代禱裏，為我們的仇敵做一些他們自己所不能做的事？他們自己所不能做的是甚麼？
- 既然知道仇敵很可能以凌辱和逼害作為回報，我們從哪裏可得到力量去愛、祝福並善待他們？
- 為甚麼潘霍華會說：「我們愛仇敵就使我們走上十架的道路，並進入與那位被釘者的團契中」?

詩篇靈語

我倚靠神，我要讚美他的話；
　　我倚靠耶和華，我要讚美他的話。
　　我倚靠神，必不懼怕。
人能把我怎麼樣呢？
神啊，我向你所許的願在我身上；
　　我要將感謝祭獻給你。
因為你救我的命脫離死亡。
　　你豈不是救護我的腳不跌倒、
　　使我在生命光中行在神面前嗎？（詩五十六 10～13）

筆下省思

- 當你想到為仇敵代禱時，你內心浮現甚麼情緒？
- 你的信仰羣體有積極嘗試去愛、祝福與善待仇敵嗎？如果有的話，是如何做的？如果沒有，你可怎樣鼓勵這種操練？

代禱指引

列出你仇敵的名字，在腦海中想像他們，「走到他們的身旁」，在上帝的面前為他們祈求。

是日禱文

和平與公義的主，願我不是一味只想勝過我的仇敵，而是希望與他們有真正的復和。

靈程心得

第40天　基督對我來說究竟是誰？

（據報，在潘霍華的人生臨近結束的時候，他說了以下的話。）持續不斷困擾著我的是這麼一個問題……基督對今天的我們來說究竟是誰？

輔助經文

耶穌到了凱撒利亞．腓立比的境內，就問門徒說：「人說我人子是誰？」他們說：「有人說是施洗的約翰；有人說是以利亞；又有人說是耶利米或是先知裏的一位。」耶穌說：「你們說我是誰？」西門彼得回答說：「你是基督，是永生神的兒子。」（太十六13～16）

你們為甚麼稱呼我「主啊，主啊，」卻不遵我的話行呢？（路六46）

安靜默想

• • •

思考問題

- 二千年前耶穌是誰，和「基督對今天的我們來說究竟是誰」有甚麼關係？
- 基督對「我們」來說是誰和基督對「我」來說是誰，兩個問題之間有沒有差異？請解釋。
- 我們如何著手回答這個問題：「基督對今天的我們來說究竟是誰？」

詩篇靈語

你們要休息，要知道我是神！
　　我必在外邦中被尊崇，
　　在遍地上也被尊崇。（詩四十六 10）

筆下省思

- 如果有人問你，今天基督對你來說究竟是誰，你會如何回答？
- 你已經完成了《學作主的門徒》。感覺旅程如何？你從潘霍華身上學會了甚麼？你對作基督徒的意義——追隨基督——的理解有沒有改變？如果有的話，是怎樣的改變？經過了這四十天的旅程，你的信仰生活將會變得怎麼不一樣？

代禱指引

為本書的所有讀者禱告，祈求他們與潘霍華同行的這段旅程能引領他們更接近基督。

是日禱文

慈愛的神，為著我與耶穌同行的旅途上所到過的地方，以及將來要去的地方，我感謝你，讚美你。

靈程心得

旅程結束

你已經完成了《學作主的門徒》。我盼望那是一次美好的旅程，使你一路上有不少的學習和體驗，並且找到有用的資源，來深化你的信仰和實踐。經過這旅程之後，

- 你是怎樣的不一樣了？
- 你學會了甚麼？
- 你體驗了甚麼？
- 你的信仰和實踐在哪些方面被改變了？

你想要繼續這段旅程嗎？如果你想，可參考下一頁所列出的潘霍華的作品。這些書會幫助你更深認識這位不凡的人物的思想、經驗和生活。

進深閱讀

你可以藉著閱讀潘霍華的著作，增加你對他的生平和工作的認識。一個好的起點是《追隨基督》和《團契生活》這兩本書。另外一本有用的小書則是《聖經中的祈禱書》（*Psalms: The Prayer Book of the Bible*）。之後，你可以隨你的興趣挑書來看。他所有的著作都有最新的英語版，由堡壘出版社（Fortress Press）出版。

要更認識潘霍華的生平，你或許想先讀由他的姪女雷娜特（Renate Bethge）寫的一本簡短的傳記 *Dietrich Bonhoeffer: A Brief Life*（Fortress, 2004）。由雷娜特及格雷梅爾（Christian Gremmels）合編的 *Dietrich Bonhoeffer: A Life in Pictures*（Fortress, 2006）也同樣有用。而最完整可靠的一本傳記，則是由他的朋友兼學生貝特格（Eberhard Bethge）寫的 *Dietrich Bonhoeffer: A Biography*（revised edition, Fortress, 2000）。

另一個很有用的資源是國際潘霍華協會（International Bonhoeffer Society）的網站：www.dbonhoeffer.org。

引文來源

Dietrich Bonhoeffer. *Discipleship*, Dietrich Bonhoeffer Works, Vol.4. Minneapolis, MN: Fortress Press, 2001；中文譯本參潘霍華：《追隨基督》。八版。鄧肇明、古樂人譯。香港：道聲出版社，2008。（承蒙道聲出版社允准轉載）

_____. *Life Together*, Dietrich Bonhoeffer Works, Vol. 5. Minneapolis, MN: Fortress Press, 1996；中文譯本參潘霍華：《團契生活》。四版。鄧肇明譯。香港：基督教文藝出版社，2009。（承蒙基督教文藝出版社允准轉載）

_____. *Letters and Papers from Prison*. New York: Collier Books, 1972；中文譯本參潘霍華：《獄中書簡》。十版。許碧端譯。香港：基督教文藝出版社，2005。（承蒙基督教文藝出版社允准轉載）

Eberhard Bethge. *Dietrich Bonhoeffer: A Biography*, rev. ed. Minneapolis, MN: Fortress Press, 2000.

第 1 天：《追隨基督》，頁 5 ～ 6。

第 2 天：《團契生活》，頁 83 ～ 85。

第 3 天：《團契生活》，頁 70。

第 4 天：《團契生活》，頁 68。

第 5 天：《團契生活》，頁 17。

第 6 天：《追隨基督》，頁 161。

第 7 天：《追隨基督》，頁 164。

第 8 天：《追隨基督》，頁 83。

第 9 天：《追隨基督》，頁 84～85。

第 10 天：《追隨基督》，頁 85～86。

第 11 天：《追隨基督》，頁 86～87。

第 12 天：《追隨基督》，頁 87～88。

第 13 天：《追隨基督》，頁 88～89。

第 14 天：《追隨基督》，頁 89。

第 15 天：《追隨基督》，頁 89～90。

第 16 天：《追隨基督》，頁 94。

第 17 天：《追隨基督》，頁 11～13。

第 18 天：《追隨基督》，頁 24。

第 19 天：《追隨基督》，頁 13～14。

第 20 天：《追隨基督》，頁 35。

第 21 天：《追隨基督》，頁 37～38。

第 22 天：《團契生活》，頁 5～6。

第 23 天：《團契生活》，頁 29～30。

第 24 天：*Life Together*, 25（引自英譯本的序言）

第 25 天：《團契生活》，頁 7～8。

第 26 天：《團契生活》，頁 78～79。

第 27 天：《團契生活》，頁 104。

第 28 天：《團契生活》，頁 106。

第 29 天：《團契生活》，頁 107 ～ 108。

第 30 天：《團契生活》，頁 90。

第 31 天：《團契生活》，頁 90 ～ 91。

第 32 天：《團契生活》，頁 91。

第 33 天：《團契生活》，頁 93 ～ 94。

第 34 天：《團契生活》，頁 97。

第 35 天：《追隨基督》，頁 110。

第 36 天：《團契生活》，頁 116。

第 37 天：《團契生活》，頁 1。

第 38 天：《追隨基督》，頁 132。

第 39 天：《追隨基督》，頁 132 ～ 133。

第 40 天：*Dietrich Bonhoeffer: A Biography,* 863 ～ 864.

緊扣時代 服事教會

以文字傳揚基督真道

讀者意見表

衷心多謝你購買本社書籍。本社一直致力以出版事工服事教會，幫助信徒扎根於神的話語，促進靈命增長。為使我們的出版更能滿足你的需要，請填寫下列各項資料，並寄回或傳真予本社。

所購書籍：________________

本書最吸引你的地方：

□作者 □適切性 □文筆 □設計 □實用性

□其他：________________

購買本書地點：

□基道書樓 □基督教書店 □非基督教書店

性別：□男 □女 職業：________________

信仰：□基督徒 □非基督徒

年齡：□ 16 歲或以下 □ 17～25 歲 □ 26～35 歲

□ 36～55 歲 □ 56 歲或以上

學歷：□中三或以下 □中五 □預科

□大學 □研究院

□我欲更多了解基道出版社的事工及考慮支持，請寄給我下列資料：

□機構簡介 □新書資料 □基道會員通訊

□《基道文字事工通訊》

姓名：________________ 電話：________________

地址：________________

____

傳真：________________ 電子郵件：________________

其他意見：________________

____

多謝賜教！

基道出版社

意見表可以傳真（2687-0281）或直接郵寄以下地址：

香港沙田火炭坳背灣街26號富騰工業中心1011室

基道出版社編輯部收